영어일기
표현사전
워크북

내가 쓰고 싶은 말이 다 있는

영어일기 표현사전 (워크북) 최신 개정판

지은이 하명옥
펴낸이 임상진
펴낸곳 (주)넥서스

초판 1쇄 발행 2010년 1월 10일
초판 3쇄 발행 2012년 6월 10일

3판 1쇄 발행 2019년 4월 10일
3판 3쇄 발행 2021년 1월 12일

출판신고 1992년 4월 3일 제311-2002-2호
주소 10880 경기도 파주시 지목로 5
전화 (02)330-5500 팩스 (02)330-5555

ISBN 979-11-6165-624-3 13740

www.nexusbook.com

최신개정판 내가 쓰고 싶은 말이 다 있는

영어일기
표현사전
워크북

ENGLISH EXPRESSIONS
FOR YOUR DIARY

하명옥 지음

넥서스

들어가는 말

1 이 책은 학습자들의 학습에 도움을 주기 위해 〈영어일기 표현사전 최신 개정판〉 내용 중에서 각 테마별로 자주 쓰는 표현 등을 간추려 구성한 것이다.

2 이 책의 시제는 일기 표현이라는 용도를 감안하여 과거시제가 주로 많이 쓰였다.

3 문제는 쉬운 보기에서 고르기부터 단어 배열하기, 영작 순으로 난이도를 두어서 제시하였다. 특히, 개정판에서 다루는 추가 내용을 쉽게 확인해 보는 문제를 실었다.

4 워크북의 정답은 〈영어일기 표현사전 최신 개정판〉에 나온 표현으로 하고 있으며, 실제로는 학습자의 학습 수준이나 어휘 구사력에 따라 정답은 여러 종류로 나올 수 있다.

5 전체적으로는 본책과 같은 순서에 따라 CHAPTER 21로 나누어서 구성하였다. 각 CHAPTER에서 다루는 표현들을 재미있게 복습할 수 있도록 구성하였다.

차례

DIARY

A 빈칸에 알맞은 단어를 써 넣어 문장을 완성하세요.

01 날씨가 더할 나위 없이 좋았다.

The weather _____ _____ _____.

02 날씨가 점차 갤 것 같았다.

I thought it would _____ _____ by and by.

03 봄이면 꽃가루 알레르기가 있다.

I _____ _____ _____ pollen in spring.

04 나무에 꽃이 활짝 피었다.

The trees were _____ _____ _____.

05 비가 올 것 같았다.

_____ _____ _____ to rain.

06 비를 만났다.

I _____ _____ _____ the rain.

07 나는 누군가에게 편지를 쓰고 싶어졌다.

I _____ _____ writing to someone.

08 나무들이 단풍이 들었다.

The trees _____ _____ and yellow.

09 간밤에 눈이 약간 내렸다.

We had _____ _____ _____ last night.

10 스키가 몹시 타고 싶다.

I can't wait to _____ _____ _____.

보기			
clear up	couldn't be better	in full bloom	am allergic to
felt like	turned red	was caught in	a light snow
hit the slopes	it was likely		

B 주어진 단어들로 문장을 만드세요.

01 산책하기에 딱 좋은 날씨였다.
ideal / was / taking a walk / for / it

_____

02 그렇게 비가 심하게 올 거라고는 생각하지 않았다.
such / expect / I / a heavy rain / didn't

_____

03 우산 없이 눈을 맞으며 걸었다.
without / I / in the snow / walked / an umbrella

_____

04 감기에 걸리기 쉬운 때이다.
when / we / it / catch a cold / is / easily / the time

_____

05 예년보다 한 달 일찍 첫눈이 왔다.
a month / than usual / came / the first snow / earlier

_____

06 그 지역은 태풍으로 많은 피해를 입었다.
a lot / suffered / the area / the typhoon / from

_____

07 황사 때문에 외출하지 않았다.
didn't / because of / I / go out / the yellow dust

_____

08 하늘이 먹구름에 뒤덮여 매우 어둑했다.
overcast / dark clouds / were / the skies / heavily / with

_____

09 밖은 온도가 영하 10도까지 떨어졌다.
outside / the temperature / 10 degrees / below / fell to

_____

C 다음 문장을 영어로 작문하세요.

01 쌀쌀했다.

_____

02 오늘 아침에는 안개가 꼈다.

_____

03 눈이 녹아 없어졌다.

_____

04 비가 억수같이 왔다.

_____

05 화창한 봄날이었다.

_____

06 눈이 1m나 내렸다.

_____

07 해가 점점 짧아지고 있다.

_____

08 날씨가 점점 더워진다.

_____

09 상쾌한 바람이 불었다.

_____

10 온 세상이 눈에 덮였다.

_____

11 비에 흠뻑 젖었다.

_____

12 올해는 풍년이다.

_____

13 해가 나니 안개가 걷혔다.

_____

14 열대야 때문에 잠이 오지 않았다.

_____

15 일기예보에 따르면, 날씨가 곧 좋아질 것이라고 한다.

_____

언어 상식 Tips

빈칸에 알맞은 영어 표현을 써넣으세요.

1 햇빛이 밝게 나는데도 비가 내리는 것을 여우비라고 하죠. '여우비가 온다'는 영어로 We have a _____.입니다.

2 _____는 '날씨'라는 뜻이기도 하지만 또 이런 뜻도 있답니다. 즉, 좋을 때만 친한 척하는 친구를 표현할 때 fair _____ friend라고 해요. 또한 몸이 찌뿌드드하게 좋지 않은 상태를 나타낼 때는 under the _____라고 합니다.

3 '더위를 탄다'는 말을 영어로 바꿀 때는 '민감한'이라는 뜻의 _____를 사용해요. 즉, '난 더위를 탄다'는 영어로 I am _____ to the heat.이고 '추위를 탄다'는 I am _____ to the cold.입니다.

4 '치다, 이기다'라는 _____는 '피하다(avoid)'의 의미를 나타내기도 합니다. '더위를 피하다'는 _____ the heat, 교통 혼잡을 피할 때는 _____ the traffic jam이라고 해요.

A   빈칸에 알맞은 단어를 써 넣어 문장을 완성하세요.

01   일찍 일어나는 일에 익숙해졌다.

I _____ _____ _____ getting up early.

02   아침에는 신문을 대충 훑어본다.

I _____ _____ the newspaper in the morning.

03   나는 군것질하는 것을 좋아한다.

I like eating _____ _____.

04   나는 간식으로 과일만 먹는다.

I have only fruit _____ _____ _____.

05   나는 잠자리에 들기 전에 일기를 쓴다.

I _____ _____ _____ before I go to bed.

06   푹 잘 잤다.

I slept _____ _____ _____.

07   눈코 뜰 새 없이 바빴다.

I was as busy _____ _____ _____.

08   매일 똑 같은 일상이 지겹다.

I _____ _____ _____ my daily routine.

09   세상을 다 얻는 듯한 기분이었다.

I felt like I was _____ _____ _____ the world.

10   내가 정신이 나갔었나 보다.

I must have been _____ _____ my mind.

보기	out of	skim through	between meals	as a bee
	for my snack	like a baby	am tired of	keep a diary
	on top of	got accustomed to		

B 주어진 단어들로 문장을 만드세요.

01 서둘러 침대에서 빠져 나왔다.
of bed / got out / I / in a hurry

_____

02 화나는 것을 억누르려고 애썼다.
my anger / I / suppress / tried to

_____

03 TV를 켠 채 잠이 들었다.
the TV / fell asleep / on / I / with

_____

04 생각해 봐야 할 고민이 있었다.
had / think about / a problem / I / to

_____

05 점심시간이 좀 더 길었으면 좋겠다.
we / wish / had / lunch time / a longer / I

_____

06 오늘은 친구의 집에서 잘 것이다.
I'm / sleep over / going to / house / at my friend's

_____

07 머리를 말리는 데 시간이 약 10여분이 걸렸다.
my hair / took about / it / to dry / 10 minutes

_____

08 학교에 늦지 않으려고 서둘렀다.
not to be / in order / hurried up / late for school / I

_____

09 오늘 입을 옷을 고르느라 시간을 많이 보냈다.
I / selecting my clothes / a lot of time / spent / for the day

_____

C 다음 문장을 영어로 작문하세요.

01 나는 6시에 깼다.

_____

02 나는 정말 지쳤다.

_____

03 자명종 시계를 6시에 맞추어 놓았다.

_____

04 나는 그 프로그램을 즐겨 본다.

_____

05 TV 6번 채널에서 뮤직 쇼를 보았다.

_____

06 점심으로 샌드위치를 싸왔다.

_____

07 나는 우유 한 잔과 시리얼을 먹었다.

_____

08 오늘 내가 한 일이 걱정된다.

_____

09 그는 침울해 보였다.

_____

10 나는 두통으로 괴로웠다.

_____

11 그는 아무 일도 아닌데 화를 냈다.

_____

12 화를 참을 수 없었다.

_____

13 그 소식을 듣고 나는 실망했다.

_____

14 낮잠을 충분히 잘 시간이 없었다.

_____

15 무슨 일이 일어나든 관심 없다.

_____

언어 상식 Tips

빈칸에 알맞은 영어 표현을 써넣으세요.

1 sleep late는 '늦게 잠을 잔다'라는 의미로 늦잠과는 다릅니다. 의도한 것보다 오래 자게 돼서 늦잠을 잤다면 _____, 늦잠 자겠다고 마음먹고 늦게까지 잔 거라면 _____ _____, 평소보다 좀 늦게 일어난 경우는 _____ _____ _____라고 합니다.

2 옷을 입거나, 모자나 안경을 쓰는 것, 목걸이나 귀걸이를 하는 것 등 몸에 입고 부착되는 동작은 _____ _____이라고 하고, 그렇게 몸에 부착되어 있는 상태는 _____을 씁니다. 옷을 벗는 것은 _____ _____라고 해요.

3 '오늘밤에'라는 말은 tonight night라고 하지 않고 _____라고 합니다. 어젯밤은 yesterday night이 아닌 _____ _____, 오늘 아침은 today morning이 아니라 _____ _____, 며칠 후에는 a few days after가 아니라 _____ _____ _____라고 합니다.

4 너무 피곤해서 힘도 없고 기운이 없을 때 I have no power.라고 하지 않습니다. 이럴 경우는 I have no _____.라고 해요.

A 빈칸에 알맞은 단어를 써 넣어 문장을 완성하세요.

01 나는 대가족에서 자랐다.

I _____ _____ in a large family.

02 나는 기독교 모태 신자이다.

I am a Christian _____ _____.

03 할머니는 건강이 좋으시다.

My grandmother is _____ _____ _____.

04 우리 엄마, 아빠는 사이가 좋으시다.

My mom and dad _____ _____ _____ together.

05 엄마와 함께 있으면 마음이 편안하다.

Being with my mom makes me _____ _____ _____.

06 나는 동생과 공통점이 많다.

My younger brother and I have a lot _____ _____.

07 그를 보면 내 동생이 생각난다.

He _____ _____ _____ my younger brother.

08 내 동생은 가족에게 큰 골칫거리이다.

My younger brother is the _____ _____ in our family.

09 우리 형은 유머 감각이 꽤 풍부하다.

My elder brother has a pretty good _____ _____ _____.

10 할아버지는 정원 가꾸는 것을 좋아하신다.

My grandfather likes to _____ _____ the garden.

보기			
care for	grew up	in common	black sheep
by birth	feel at home	in good health	get along well
reminds me of	sense of humor		

B 주어진 단어들로 문장을 만드세요.

01 나는 동생과 매우 닮았다.
a lot / I / like / look / my younger brother

_____

02 목사님 설교하실 때 졸았다.
a sermon / while / giving / I / the minister / dozed / was

_____

03 우리 형은 나를 많이 웃게 만든다.
makes / my / laugh / me / elder brother / so much

_____

04 나는 내 앞가림을 할 만한 나이가 되었다.
old / I / look after / am / enough to / myself

_____

05 엄마는 모르는 게 매우 많아요.
Mother / there / know / are / that / many things / doesn't

_____

06 아빠는 집과 가족 밖에 모르신다.
except for / nothing / there's / his home and / in his life / his family

_____

07 엄마는 그것에 대해 어떻게 생각하셨을까 궁금하다.
Mom / I / what / about it / wonder / have thought / would

_____

08 한번만 더 엄마와 그것에 대해 이야기해 볼 수 있다면 좋겠는데.
I / talk it over / I / with Mom / wish / could / once more

_____

09 부모님을 실망시키지 않기 위해 최선을 다할 것이다.
do / I / not to / my best / my parents / disappoint / will / in order

_____

C 다음 문장을 영어로 작문하세요.

01 나는 1993년 서울에서 태어났다.

_____

02 나는 서울 토박이이다.

_____

03 집만큼 좋은 곳은 없다.

_____

04 우리 엄마는 바느질을 매우 잘 하신다.

_____

05 우리 엄마의 잔소리는 끝이 없으시다.

_____

06 할아버지는 도시생활보다 전원생활을 좋아하신다.

_____

07 우리 이모는 결혼해서 두 명의 아이가 있다.

_____

08 가까운 이웃이 먼 친척보다 낫다.

_____

09 보다 밝은 장래를 위해 항상 최선을 다할 것이다.

_____

10 엄마는 내가 장래에 교사가 되기를 바라신다.

_____

11 내 꿈은 전세계를 여행하는 것이다.

_____

12 우리 엄마는 나에게 희망을 걸고 계신다.

_____

13 일요일마다 교회에서 예배를 드린다.

_____

14 하나님께 우리 가족에게 은총을 내려 달라고 기도했다.

_____

15 나는 절의 고요한 분위기를 좋아한다.

_____

언어 상식 TipS

빈칸에 알맞은 영어 표현을 써넣으세요.

1 '죽다'라는 동사가 die이지만, 어른이 돌아가셨을 경우에는 _____
로 쓰는 게 좋습니다. 갑자기 죽는 것은 _____ dead, 물에 빠져 죽는 것
은 _____, 자살하는 것은 _____ suicide, 암살당하는 것은 be
_____, 교수형에 처해 죽는 것은 be _____라고 합니다.

2 home이 '집으로'라는 뜻일 경우에는 앞에 to를 쓰지 않습니다. home(집으로), _____
(거기에, 거기로), _____(여기에, 여기로), _____(시내로, 시내에),
_____(해외로), _____(위층으로), _____(아래층으로) 등의
장소부사는 '~로, ~에'라는 의미를 포함하고 있기 때문에 그 앞에 전치사를 쓰면 안됩니다.

3 '~마다'를 나타낼 경우 〔_____ + 단수시간명사〕 또는 시간을 나타내는 말을 복수로 써
서 전치사와 함께 표현합니다. '매일'은 _____ day, '아침마다'는 _____
morning 또는 in the mornings, '일요일마다'는 _____ Sunday 또는 on
Sundays라고 합니다.

A 빈칸에 알맞은 단어를 써 넣어 문장을 완성하세요.

01 쓰레기를 내다 놓았다.

I _____ _____ the garbage.

02 세탁기의 전원을 켰다.

I _____ _____ the washing machine.

03 필요 없는 것들을 치웠다.

I _____ _____ _____ unnecessary things.

04 젖은 걸레로 바닥을 훔쳐냈다.

I _____ _____ the floor with a wet rag.

05 빨래 짜기가 힘들었다.

It _____ _____ _____ me to wring out the clothes.

06 얼룩 제거하기가 불가능했다.

It _____ _____ _____ remove the stain.

07 탄 냄비를 닦는 게 매우 어려웠다.

It _____ _____ _____ to scrub the burned pot.

08 잔디에 물을 주어야 했다.

The grass was _____ _____ _____ water.

09 전구가 나갔다.

The light bulb has _____ _____.

10 내가 좋아하는 TV 프로그램을 보고 있을 때 TV가 고장 났다.

My TV _____ _____ while I was watching my favorite TV program.

보기			
burned out	broke down	took out	turned on
wiped off	got rid of	in need of	was hard for
was impossible to	was very difficult		

B 주어진 단어들로 문장을 만드세요.

01 유리 그릇이 깨지지 않도록 조심했다.
careful / I / to break / not / the glassware / was

_____

02 요리한 후에 가스레인지 끄는 것을 잊어버렸다.
after / I / turn off / to / the gas stove / cooking / forgot

_____

03 설거지 할 때마다 꼭 접시를 하나씩 깬다.
never / I / breaking / without / a dish / wash dishes

_____

04 수리해 주는 사람이 고장을 신속하게 처리해 주었다.
took / promptly / the serviceman / the problem / care of

_____

05 세탁기에서 계속 이상한 소리가 났다.
a / the washing machine / making / kept / noise / strange

_____

06 그 세제가 얼룩 빼는 데 효과적이었다.
good / taking out / the detergent / was / stains / for

_____

07 싱크대에 물을 받고서, 거기에 세제를 풀었다.
with water / filled / the sink / I / dissolved / the detergent / and / in it

_____

08 낡은 커튼을 떼고 새 것으로 달았다.
and / I / took / up / the old / put / down / new ones / curtains

_____

09 벽의 페인트가 벗겨지고 있다.
on / has / the paint / peeling / the wall / been

_____

C 다음 문장을 영어로 작문하세요.

01 방을 깨끗이 청소하기로 마음먹었다.

_____

02 나는 정원 가꾸는 것이 좋다.

_____

03 그 옷을 드라이 클리닝했다.

_____

04 그 옷은 손빨래로 빨아야 했다.

_____

05 셔츠에 얼룩이 졌다.

_____

06 정원에 잡초가 많았다.

_____

07 마당을 비로 쓸었다.

_____

08 냉동실에 문제가 있는 것 같았다.

_____

09 엄마를 위해 심부름을 했다.

_____

10 손을 보호하려고 고무장갑을 꼈다.

_____

11 설거지를 하다가 컵을 떨어뜨렸다.

_____

12 음식 재료를 사러 식료품점에 갔다.

_____

13 집에서 할 일이 매우 많았다.

_____

14 청소하고 식사 준비하다가 하루를 다 보냈다.

_____

15 이불을 햇빛에 널어 공기를 쐬었다.

_____

언어 상식 Tips

빈칸에 알맞은 영어 표현을 써넣으세요.

1 '닦다'에 해당하는 표현은 닦는 방법에 따라 다릅니다. 물로 닦는 것은 _____, 손이나 천으로 훔쳐 닦는 것은 _____, 대걸레로 닦는 것은 _____, 솔로 닦는 것은 _____, 수세미로 문질러 닦는 것은 _____, 마른 걸레로 닦는 것은 _____, 광을 내며 닦는 것은 _____라고 합니다.

2 '빨래하다'라는 말은 wash the clothes 또는 _____ the laundry라고 합니다. '설거지하다'라는 말은 wash the dishes 또는 _____ the dishes라고 합니다. 이외에도 _____ the housework(집안 일하다), _____ the sewing(바느질하다), _____ the cooking(요리하다), _____ some gardening(정원 일을 하다) 등처럼 _____ 동사를 사용하여 나타내는 표현들이 있습니다.

3 가정부와 주부를 영어로 나타낼 때 많이들 헷갈려 하는데요. 가정부는 _____, 주부는 _____ 혹은 homemaker입니다. 또한 가사 도우미는 visiting _____ 또는 part-time domestic helper라고 합니다.

A   빈칸에 알맞은 단어를 써 넣어 문장을 완성하세요.

01   그 소리는 귀에 익은 소리였다.

The sound was _____ _____ my ears.

02   한쪽 발이 저렸다.

My foot has _____ _____ _____.

03   택시로 거기까지 가려면 30분이 걸린다.

It takes me _____ _____ _____ to get there by taxi.

04   택시에서 서둘러 내렸다.

I _____ _____ _____ the taxi in a hurry.

05   러시아워에는 지하철에 사람이 매우 많다.

The subways _____ _____ _____ during rush hour.

06   어떤 사람이 내 앞에서 새치기를 했다.

Somebody _____ _____ _____ in front of me.

07   아빠가 기차역까지 태워다 주셨다.

My dad gave me _____ _____ to the station.

08   나는 인터넷이 없으면 불안하다.

I _____ _____ without the internet.

09   오류 메시지가 떴다.

An error message _____ _____.

10   용돈이 다 떨어졌다.

I _____ _____ _____ allowance.

보기	a ride	popped up	feel uneasy	familiar to
	gone to sleep	ran out of	cut in line	half an hour
	are very crowded	got out of		

22

B 주어진 단어들로 문장을 만드세요.

01 갈아타는 역에는 항상 사람이 많다.
always / the transfer stations / overcrowded / are

_____

02 여가를 잘 이용하는 것이 중요하다.
is / important / it / to make / spare time / use of

_____

03 반대편으로 가는 지하철을 탔다.
on / the opposite / got / I / the tracks / side of

_____

04 표를 사기 위해 매표구 앞에서 줄을 섰다.
a ticket / stood / in front of / in line / I / to get / the ticket booth

_____

05 일년에 두 번 자동차 점검을 받는다.
my car / I / serviced / twice / get /a year

_____

06 운전 중에 조는 것은 매우 위험하다.
very / it / to doze off / is /at the wheel / dangerous

_____

07 가능한 빨리 그의 소식을 듣고 싶다.
hope / from him / I / possible / as soon as / to hear

_____

08 비나 눈이 오는 날에는 과속하면 안 된다.
too fast / should / drive / on a rainy / we / not / or snowy day

_____

09 쉬는 날에는 하루 종일 인터넷 서핑을 한다.
surf / all day / I / long / my day / off / on / the Internet

_____

C 다음 문장을 영어로 작문하세요.

01   TV를 보면서 시간을 보냈다.

_____

02   요즘엔 여가 시간이 거의 없다.

_____

03   그 공원에 가기까지는 세 정거장이 남아 있었다.

_____

04   나는 20번 버스를 탔어야 했다.

_____

05   하루 종일 집에서 빈둥거렸다.

_____

06   타이어가 펑크 났다.

_____

07   교차로에서는 항상 조심해야 한다.

_____

08   길에 주차를 하여서 차가 견인되었다.

_____

09   그가 그의 사진을 첨부해 보냈다.

_____

10   용돈을 벌기 위해 아르바이트를 한다.

_____

11 나는 오늘 은행에 계좌를 개설했다.

_____

12 은행에 돈을 예금했다.

_____

13 돈을 조금 인출했다.

_____

14 버스에 지갑을 놓고 내렸다.

_____

15 일부러 그런 것은 아니었다.

_____

A 빈칸에 알맞은 단어를 써 넣어 문장을 완성하세요.

01 곧 설날이다.

New Year's Day is _____ _____ _____.

02 추석이 기다려진다.

I am _____ _____ _____ Chuseok.

03 추석은 음력으로 8월 15일이다.

Chuseok is on the 15th of August _____ _____ the lunar calendar.

04 내 생일이 올해는 토요일이다.

My birthday _____ _____ Saturday this year.

05 나는 말띠이다.

I _____ _____ in the year of the horse.

06 우리 부모님은 우리를 교육시키는 데 돈을 아끼지 않는다.

My parents _____ _____ money in educating us.

07 우리는 새해 전야제를 할 것이다.

We are going to _____ _____ _____ on New Year's Eve.

08 그가 분위기를 잘 이끌어갔다.

He _____ _____ _____ with people.

09 파티에서 잘 어울릴 수가 없었다.

I felt like a _____ _____ _____ water.

10 나는 그저 잠깐 들르기만 했다.

I _____ _____ the party.

보기			
falls on	never spare	dropped by	according to
was born	broke the ice	fish out of	throw a party
around the corner	looking forward to		

26

B 주어진 단어들로 문장을 만드세요.

01 아침 식사로 떡국 한 그릇을 먹고 나이도 한 살 더 먹었다.
a bowl of / ate / I / and / a year / turned / older / rice cake soup

_____

02 올해는 추석에 보름달을 볼 수 있으면 좋겠다.
see / I / can / the full moon / I / this year / hope / on Chuseok

_____

03 그를 파티에 들어오지 못하도록 했다.
not / to enter / allowed / was / the party / he

_____

04 그는 가장 멋지게 보이려고 잘 차려 입었다.
all / was / he / to look / his best / dressed up

_____

05 내 옷이 촌스러워 보일까 봐 걱정이 되었다.
that / afraid / was / looked / my clothes / I / old-fashioned

_____

06 그가 당연히 오리라고 생각했다.
it / took / that / he / I / come / would / for granted

_____

07 시간이 얼마나 빠른지 믿어지지 않는다.
how / can't / I / flies / believe / time / quickly

_____

08 그들은 우리에게 덕담을 한 마디씩 해 주셨다.
gave / they / us / good / some / advice / each of

_____

09 친구들이 생일선물로 책을 사 주었다.
me / bought / a book / for my / my friends / birthday present

_____

C 다음 문장을 영어로 작문하세요.

01 달을 보고 우리 가족의 행복을 기원했다.

_____

02 우리는 그들을 반갑게 맞이했다.

_____

03 며칠 후면 내 생일이다.

_____

04 나는 파티 준비로 바빴다.

_____

05 이런 선물을 받게 되리라고는 생각지도 못했다.

_____

06 내 선물이 그의 마음에 들기를 바랐다.

_____

07 파티에서 입을 옷을 골랐다.

_____

08 파티에서 즐거운 시간을 보냈다.

_____

09 촛불을 끄면서 소원을 빌었다.

_____

10 나는 초콜릿을 줄 남자친구도 없다.

_____

11 그는 나를 그의 파티에 오라고 초대했다.

_____

12 맛있는 음식으로 대접을 받았다.

_____

13 이 카드를 받고 친구들이 좋아하면 좋겠다.

_____

14 선물을 여러 개 받아서 기분이 좋았다.

_____

15 부모님께서 지금의 나를 만드셨다.

_____

언어 상식 TipS

빈칸에 알맞은 영어 표현을 써넣으세요.

1 Happy new year!라고 새해 인사를 할 때, 대답으로 똑같이 Happy new year!라고 할 수도 있지만, 간단히 '너도 그러길 바래!'라고 하고 싶을 때 _____ to you!라고 하면 됩니다. 이런 인사뿐 아니라 상대방에게 덕담을 건넬 때, 똑 같은 내용으로 응답하고 싶을 때도 _____ to you!라고 하면 됩니다. 반대로 '나도! 저도요!'라고 상대방과 똑 같은 생각을 표현할 때는 _____ here.라고 합니다.

2 _____는 졸업이나 합격 등 힘든 과정을 겪은 후에 얻은 좋은 일에 대해서 축하의 말을 전할 때 사용하는 표현입니다. 대신 기념일이나 생일 등 특별한 날을 기념하기 위해 파티를 여는 것은 _____라고 합니다. '부모님의 결혼기념일을 축하해 드렸다.'는 We _____ our parents' wedding ceremony.라고 하고, '그의 졸업을 축하했다'는 I _____ him on his graduation.이라고 합니다.

3 술잔을 부딪치며 건배할 때 보통 _____!라고 합니다. '당신의 건강을 위하여!'라고 하고 싶으면 _____ to your health!라고 하면 됩니다. 그리고 건배를 제의할 때는 Let's _____ _____ _____.라고 합니다.

A 빈칸에 알맞은 단어를 써 넣어 문장을 완성하세요.

01 나는 담백한 음식을 좋아한다.
I like _____-_____ food.

02 나는 생선을 먹지 않는다.
I _____ _____ fish.

03 그 음식은 내 몸에 맞지 않는 것 같다.
The food seems to _____ _____ me.

04 기름진 음식은 위에 좋지 않다.
Fatty foods are not _____ _____ the stomach.

05 가스레인지 불꽃을 강하게 했다.
I _____ _____ the flame of the gas stove.

06 더 이상 먹을 수가 없었다.
I couldn't eat _____ _____.

07 우리 가족은 종종 외식하는 것을 좋아한다.
My family loves to _____ _____ from time to time.

08 그 식당은 이 도시에서 유명하다.
That restaurant _____ _____ _____ in this city.

09 나는 배달시켜 먹는 것을 좋아한다.
I like to _____ _____ _____.

10 보기만 해도 군침이 돌았다.
It made _____ _____ _____ just looking at it.

보기	abstain from	low-fat	good for	disagree with
	another bite	turned up	is well known	eat out
	my mouth water	have food delivered		

주어진 단어들로 문장을 만드세요.

01 체하지 않으려면 천천히 먹어야 한다.
I / eat / have to / slowly / so as / to get / not / indigestion

_____

02 나는 정성 들여 음식을 만들었다.
put / I / into / that / my heart / the food / I / cooked

_____

03 그 국에는 소금이 너무 많이 들어간 것 같았다.
in / to be / there / too much / seemed / salt / the soup

_____

04 신 과일에 익숙해지고 있다.
am / I / getting / to / used / fruits / sour

_____

05 음식들이 덜 익거나 너무 익었다.
was / each / either / dish / or / undercooked / overcooked

_____

06 음식이 나오는 데 시간이 오래 걸렸다.
me / it / time / took / for / to be / a long / served

_____

07 음식 간이 잘 되었는지 간을 보았다.
to see / I / the food / tasted / whether / was / properly / it / seasoned

_____

08 케이크를 만들기 위해 재료를 준비했다.
for / prepared / I / the ingredients / a cake / making

_____

09 냉장고에 있는 남은 음식을 먹어야 했다.
some / eat / had to / leftovers / from / I / the refrigerator

_____

C 다음 문장을 영어로 작문하세요.

01 그다지 식욕이 없었다.

_____

02 그 음식에는 설탕이 너무 많이 들어갔다.

_____

03 그 음식은 오래되고 상한 것 같았다.

_____

04 소스가 샐러드와 아주 잘 어울렸다.

_____

05 그 식당의 분위기는 참 편안하다.

_____

06 지난 번에는 친구가 한 턱을 냈다.

_____

07 배달이 너무 늦어서 전화를 두 번이나 했다.

_____

08 후식으로 달콤한 과일이 나왔다.

_____

09 그들이 차려 준 음식들을 맛있게 먹었다.

_____

10 김치 만드는 방법을 배우고 싶다.

_____

11 양념과 재료들을 잘 섞었다.

_____

12 간식으로 도넛 몇 개를 먹었다.

_____

13 150도로 오븐을 예열시켰다.

_____

14 오븐에 빵을 구웠다.

_____

15 요리하다가 손가락을 베었다.

_____

언어 상식 Tips

빈칸에 알맞은 영어 표현을 써넣으세요.

1 _____는 '영리한, 말쑥한'의 의미로 쓰지만, '세련된, 고급스러운'의 뜻을 나타내기도 합니다. 그래서 _____ restaurant는 고급 레스토랑을 나타내는 말입니다. _____가 동사로 쓰이면 '따끔따끔 쓰리다'의 의미로 The wound _____s.라고 하면 '상처가 따끔거리고 쓰리다.'라는 표현이 됩니다.

2 식당에서 주인이 공짜로 음식이나 안주를 주면서 '이것은 서비스입니다.'라고 말하는데 올바른 영어 표현은 It's on the _____. 또는 It's _____.라고 합니다. 또한 식당에서 무료로 무언가를 서비스할 때, 예를 들어 '무료로 드리는 맥주입니다.'는 Here's a service beer.가 아니라 Have a _____ beer.라고 해야 올바른 표현입니다.

3 누군가와 함께 식사를 할 경우, 음식 값을 지불하고 싶을 때, '내가 낼게.'라고 해야겠죠. 영어 표현으로는 It's my _____., Lunch is _____ me., Be my _____. 등이 있습니다.

A 빈칸에 알맞은 단어를 써 넣어 문장을 완성하세요.

01 나는 치장하는 것을 좋아한다.

I like to _____ _____ _____.

02 나는 순면으로 된 옷을 좋아한다.

I like clothes _____ _____ pure cotton.

03 정장 입는 것을 좋아한다.

I like being _____ _____.

04 그 옷은 나에게 잘 어울린다.

The clothes _____ _____ _____ me.

05 겉만 보고 속을 판단할 수는 없다.

You can't judge a book by _____ _____.

06 캣츠아이 구슬로 만들어진 목걸이 팬던트가 마음에 들었다.

The necklace pendent with cat's eye beads _____ _____ me.

07 그 스타일이 유행하기 시작했다.

That style has _____ _____ _____.

08 항상 유행을 따른다.

I _____ _____ _____ the fashion of the times.

09 그 옷을 입으면 어색하다.

I _____ _____ in the clothes.

10 그는 옷을 잘 수선했다.

He did a _____ _____ altering my clothes.

보기	its cover	dressed up	made of	appealed to
	feel awkward	good job	go along with	come into fashion
	look good on	make myself presentable		

B 주어진 단어들로 문장을 만드세요.

01 나는 옷에 관한 감각이 있는 것 같다.
have / think / I / wonderful / I / taste / clothes / in

_____

02 나는 배꼽티를 입는 사람들을 이해하지 못하겠다.
don't / I / who / understand / wear / those / half shirts

_____

03 사람들이 나는 아무 옷을 입어도 잘 어울린다고 한다.
I / people / that / say / look / in / good / everything

_____

04 재봉사에게 바지 단을 좀 늘여 달라고 했다.
to / I / make / asked / the pants / the tailor / longer

_____

05 유행에 뒤떨어지지 않으려고 한다.
get / I / to / try / not / the times / behind

_____

06 귀걸이를 할 수 있도록 귀를 뚫었다.
had / I / my ears / to be / pierced / wear / able to / earrings

_____

07 나는 꽉 조이는 바지가 편하다.
me / it's / tight / comfortable / for / to wear / pants

_____

08 나는 항상 다림질이 필요 없는 옷을 산다.
buy / I / clothes / always / that / need to / don't / be ironed

_____

10 그 블라우스는 이 바지와 어울리지 않았다.
go / the blouse / with / these / didn't / pants

_____

C   다음 문장을 영어로 작문하세요.

01   나는 옷이 많다.

_____

02   나는 옷차림에 별로 신경 쓰지 않는다.

_____

03   그 목걸이는 모조품이다.

_____

04   나는 패션 감각이 있다.

_____

05   바지를 더 짧게 수선했다.

_____

06   그 패션은 매우 멋졌다.

_____

07   그는 항상 말끔하게 하고 다닌다.

_____

08   그녀는 정말 멋지게 차려 입었다.

_____

09   그는 유명 회사에서 만든 옷만 입는다.

_____

10   유행되고 있는 스웨터를 하나 샀다.

_____

11 나는 검은 색 옷이 잘 어울린다.

_____

12 그 옷은 촌스러워 보였다.

_____

13 금반지에 진주를 세팅했다.

_____

14 코트에 단추가 떨어졌다.

_____

15 양말에 난 구멍을 꿰매었다.

_____

언어 상식 Tips

빈칸에 알맞은 영어 표현을 써넣으세요.

1 우리가 흔히 말하는 메이커 옷은 maker clothes라고 하지 않고 _____ clothes라고 합니다. 또한 유명회사에서 만든 옷을 _____ _____ 라고 하기도 하는데, 최신에 나온 메이커 제품이라면 the _____ _____ 라고 표현합니다.

2 의류 관련 어휘 중에 영어 그대로 외래어로 사용하는 경우가 있는데, 올바른 영어 표현은 다음과 같습니다. 원피스(one piece)는 _____, 점퍼(jumper)는 _____, 오바(over)는 _____, 팬티(panty)는 _____, 팬티스타킹(panty stocking)은 panty _____, 추리닝(training)은 _____ suit, 폴라 티(polar T)는 _____ shirt, 넥타이(necktie)는 _____, 나비넥타이(butterfly tie)는 _____ tie, 타이 핀(tie pin)은 tie _____, 와이셔츠(Y-shirt)는 _____ shirt, 바바리(burberry)는 _____ coat, 러닝셔츠(running shirt)는 sleeveless _____로 써야 적절한 영어표현입니다.

A 빈칸에 알맞은 단어를 써 넣어 문장을 완성하세요.

01 사랑니가 났다.

My wisdom tooth _____ _____.

02 할아버지는 머리가 백발이시다.

My grandfather is _____-_____.

03 나는 대머리가 되어가고 있어 걱정이다.

I am worried about _____ _____.

04 나는 키가 좀 큰 편이다.

I _____ _____ _____ tall.

05 나는 몸이 별로 좋지 않다.

I am _____ _____ _____.

06 오늘은 향수를 뿌렸다.

Today I _____ _____ perfume.

07 머리 모양이 엉망이 되었다.

My hair got _____ _____.

08 내 머리는 손질하기가 어렵다.

My hair is hard to _____ _____ _____.

09 몸매가 엉망이다.

I am _____ _____ _____.

10 주름을 없애고 싶다.

I want to _____ _____ _____ the wrinkles.

보기	going bald	grey-haired	put on	messed up
	get rid of	broke through	am kind of	take care of
	out of shape	in bad shape		

B 주어진 단어들로 문장을 만드세요.

01 나는 키에 비해 몸무게가 많이 나간다.
my / I / for / am / height / overweight

_____

02 여드름이 나서 기분이 좋지 않다.
feel / I / unhappy / are / because / out / pimples / breaking

_____

03 기본 화장을 하고 립스틱을 발랐다.
I / after / on / putting / applied / base, / lipstick

_____

04 머리 손질하러 미용실에 갔다.
a beauty / I / went to / shop / my hair / to get / done

_____

05 그녀는 그녀의 외모에 늘 신경을 쓴다.
takes / always / she / her / pains / with / appearance

_____

06 나는 성형 수술의 부작용이 걱정된다.
of / I / about / am / the side effects / worried / the cosmetic surgery

_____

07 나는 한 쪽만 쌍꺼풀이 있다.
of / only / has / one / a double / my eyes / eyelid

_____

08 나는 고기를 덜 먹고 채소를 더 많이 먹으려고 노력한다.
to / try / less / I / eat / and / meat / vegetables / more

_____

09 규칙적으로 가벼운 식사를 하는 게 좋다.
good / have / is / to / it / meals / light / regularly

_____

C 다음 문장을 영어로 작문하세요.

01 나는 성형 수술을 받고 싶다.

_____

02 보톡스 주사라도 맞아야겠다.

_____

03 그는 가발을 써야 한다.

_____

04 나는 머리를 뒤로 묶었다.

_____

05 나는 튼튼한 체격이다.

_____

06 나는 화장을 가볍게 하고 다닌다.

_____

07 화장을 지웠다.

_____

08 머리를 밝은 색으로 염색하고 싶었다.

_____

09 나는 등에 문신이 있다.

_____

10 머리를 어깨 길이만큼 깎았다.

_____

11   나는 매일 아침 면도를 한다.

_____

12   손톱을 깎았다.

_____

13   손톱에 매니큐어를 칠했다.

_____

14   요즘 체중이 늘고 있다.

_____

15   다이어트를 하기로 결심했다.

_____

언어 상식 TipS

빈칸에 알맞은 영어 표현을 써넣으세요.

1   외모를 닮았다고 할 경우는 _____, _____로 표현하고,
    성격이 닮았다고 할 때는 _____ _____로 나타냅니다. 구체적으로 누구의
    어느 부분을 닮았다고 할 때는 〔I _____ ○○'s 신체부위〕로 표현하는 데, 예를 들어 엄마의
    코를 닮았다면 I _____ my mom's nose.라고 하면 됩니다.

2   못생긴 사람이 멋을 부리면 '호박에 줄 긋는다고 수박 되니?'라고 놀리죠. 이런 표현을 영어로는 돼지
    에 립스틱을 바른다, 즉 _____ lipstick _____ a pig.라고 합니다. 이
    는 별로 좋지 않은 것들을 감추기 위해서 하는 일을 나타낼 때, 예를 들어 Your suggestion is like
    _____ lipstick _____ a pig.(너의 제안은 돼지에게 립스틱을 바르는 것
    과 같다.)처럼 씁니다.

3   _____ _____는 긴 얼굴이 아니라, 슬프거나 우울해 보이는 얼굴을 나타냅
    니다. 따라서 She has a _____ _____.는 그녀의 얼굴이 길다는 말이 아
    니라 그녀의 얼굴이 우울해 보인다는 뜻입니다. 얼굴이 길다고 하려면 She has a _____
    _____.라고 해야 합니다.

A 빈칸에 알맞은 단어를 써 넣어 문장을 완성하세요.

01 나는 다른 사람의 성격을 잘 판단하지 못한다.

I am not a _____ _____ of character.

02 나는 내 친구와 성격이 정반대다.

My friend's character is the _____ _____ mine.

03 지금은 예전만큼 예민하지는 않다.

I am not as sensitive as I _____ _____ _____.

04 그는 성격이 원만한 사람이다.

He is _____ _____ _____.

05 나는 언제나 그에게 신뢰감을 갖고 있다.

I can always _____ _____ him.

06 그는 양심이라곤 하나도 없다.

He puts his conscience _____ _____ _____.

07 그는 동정심이 없는 냉혹한 사람이다.

He is _____ _____ _____ nails.

08 그는 너무 많이 뽐낸다.

He _____ _____ too much.

09 그는 잘난 체를 한다.

He _____ _____ _____.

10 그는 항상 무표정이다.

He always keeps _____ _____ _____.

보기	count on	shows off	good judge	opposite of
	a poker face	as hard as	puts on airs	used to be
	easy to please	in his pocket		

B 주어진 단어들로 문장을 만드세요.

01 그는 생각했던 것보다는 나쁜 사람이 아니다.
is / he / not / be / he / would / I thought / as bad as

_____

02 그는 법 없이도 살 사람이다.
he / a person / can / is / live / who / without laws

_____

03 그는 어려운 사람들을 위해 착한 일을 많이 한다.
does / he / good / many / things / in need / for people

_____

04 그는 무엇이든지 잘 해 낼 수 있는 인내심이 있다.
the patience / has / to do / he / well / anything

_____

05 아침에 늦게 일어나는 습관이 있다.
I / it / make / late / a point / to get up / in the morning

_____

06 다리를 떠는 나쁜 습관을 고쳐야겠다.
will / the bad / I / correct / habit of / my leg / shaking

_____

07 나는 거기에 가는 것보다 이곳에 머무르는 것이 더 좋다.
here / prefer / than / I / to go / to stay / rather / there

_____

08 그는 항상 주위의 시선을 의식한다.
always / is / the eyes / conscious of / of others / he / around him

_____

09 그는 절대 다른 사람들을 돕지 않을 사람이다.
who / help / he / the last / is / person / would / others

_____

C 다음 문장을 영어로 작문하세요.

01 그는 철이 없는 것 같다.

_____

02 그는 절대 자신을 드러내지 않는다.

_____

03 그는 늘 불만이다.

_____

04 나는 성격을 좀 바꾸고 싶다.

_____

05 그는 신경질적이다.

_____

06 나는 극복해야 할 핸디캡이 있다.

_____

07 내 나쁜 버릇이 부끄럽다.

_____

08 나는 어느 일에도 끈기가 없다.

_____

09 그는 어느 것에도 절대 화를 내지 않는다.

_____

10 나는 친구들에게 신망이 두텁다.

_____

11 그는 무엇이든 쉽게 잘 포기한다.

_____

12 나는 결단력이 약하다.

_____

13 나는 손톱을 물어뜯는 버릇이 있다.

_____

14 나와 내 친구는 성격이 비슷하다.

_____

15 나는 남의 일에는 절대 신경 쓰지 않는다.

_____

언어 상식 TipS

빈칸에 알맞은 영어 표현을 써넣으세요.

1 _____는 남에게 주는 인상으로 판단되는 '성격', '성품'을 나타내고, _____
   는 인간을 윤리적, 도덕적 측면에서 평가한 것으로 '인격', '됨됨이'를 나타내고, _____는
   사물의 고유 성질이나 타고난 '천성', '본성'을 나타냅니다. 그래서 have a good _____
   라고 하면 '성격이 좋다'는 말이고, a man of _____ 라고 하면 '인격자'라는 말이 되며, a
   good-_____ person은 타고난 성품이 착한 사람을 일컫는 표현이 됩니다.

2 _____와 현재진행형을 함께 쓰면 주로 불만이나 불평이 담긴 부정적인 뜻으로 '늘 ~한다'
   가 됩니다. 예를 들어, 어떤 사람이 손을 자주 씻는 버릇이 있다면 He is _____ washing
   his hands.라고 하는데, 이는 그가 너무 손을 자주 씻는다는 부정적인 의미를 담고 있습니다.

3 '다리를 떨다'는 _____ one's leg로 표현합니다. 예를 들어, Don't _____
   your legs.는 '다리를 떨지 마'라는 뜻이 되죠. 하지만 _____ a leg.라고 하면 다리를 흔
   들라는 말이 아니라 '서둘러라'라는 표현이 됩니다.

A 빈칸에 알맞은 단어를 써 넣어 문장을 완성하세요.

01 없는 사람을 욕하는 것은 나쁘다.

It is bad to ＿＿＿＿＿＿ ＿＿＿＿＿＿ ＿＿＿＿＿＿ the absent.

02 부모님을 공경해야 한다.

We ought to ＿＿＿＿＿＿ ＿＿＿＿＿＿ ＿＿＿＿＿＿ our parents.

03 그는 언행이 일치한다.

He is ＿＿＿＿＿＿ ＿＿＿＿＿＿ ＿＿＿＿＿＿ his word.

04 나는 상식에 벗어난 행동을 하지 않는다.

I don't ＿＿＿＿＿＿ ＿＿＿＿＿＿ common sense.

05 나는 좀 게으른 경향이 있다.

I ＿＿＿＿＿＿ ＿＿＿＿＿＿ ＿＿＿＿＿＿ be lazy.

06 아무리 말해도 소용이 없었다.

It was ＿＿＿＿＿＿ ＿＿＿＿＿＿ talking.

07 그는 내가 하지 않은 말을 했다고 했다.

He put words ＿＿＿＿＿＿ ＿＿＿＿＿＿ ＿＿＿＿＿＿.

08 그는 항상 다른 사람들 일에 참견을 한다.

He always ＿＿＿＿＿＿ ＿＿＿＿＿＿ ＿＿＿＿＿＿ in other people's business.

09 그것은 전혀 중요하지 않은 일이다.

It makes ＿＿＿＿＿＿ ＿＿＿＿＿＿.

10 그의 감언이설에 속았다.

I was ＿＿＿＿＿＿ ＿＿＿＿＿＿ by his sweet talk.

보기			
act against	no matter	taken in	no good
speak ill of	as good as	look up to	am inclined to
puts his nose	into my mouth		

B 주어진 단어들로 문장을 만드세요.

01 그는 절대 거짓말쟁이가 아니다.
is / but / he / a liar / anything

_____

02 그에게 무어라고 감사를 해야 할지 모르겠다.
no / have / to thank / words / him / I / enough

_____

03 식사 시간에 이야기를 너무 많이 하는 것은 실례다.
is / it / to talk / against / too much / etiquette / at the table

_____

04 식사 중에 입에 음식을 담은 채로 말하는 것은 좋지 않다.
good / it / not / to speak / is / full / at the table / with your mouth

_____

05 나는 그의 행동에 놀라지 않을 수 없었다.
at / I / help / being / couldn't / surprised / his conduct

_____

06 그것에 대해서는 어느 누구에게도 한 마디도 안 할 것이다.
to / won't / I / a word / breathe / about it / anyone

_____

07 그는 남을 험담하는 것을 좋아한다.
likes / he / to talk / behind / others / about / their backs

_____

08 모든 일이 잘 될 거라고 확신한다.
am / I / will / sure / work out / fine / everything

_____

09 그가 내게 무엇을 먼저 해야 할지 조언해 주었다.
on / me / he / advised / what / first / to do

_____

C 다음 문장을 영어로 작문하세요.

01 다른 사람에게 들었다.

_____

02 나는 말주변이 없다.

_____

03 그는 식사 예절이 좋지 않다.

_____

04 그는 항상 이치에 맞게 말한다.

_____

05 그가 한 말로 마음이 아팠다.

_____

06 나는 천성적으로 아부를 못한다.

_____

07 그는 틀림없이 잘 해낼 것이다.

_____

08 그는 약속을 잘 지키지 않는 경향이 있다.

_____

09 나는 그가 잘못 말했다고 인정하기를 바랐다.

_____

10 나는 그가 한 말을 믿지 않았다.

_____

11 오해를 풀어야 한다.

_____

12 절대 포기하지 말라는 조언을 들었다.

_____

13 다시는 그러지 않겠다고 약속했다.

_____

14 우리는 가끔 만나서 수다를 떤다.

_____

15 그가 거짓말을 하고 있다는 의심이 들었다.

_____

언어 상식 Tips

빈칸에 알맞은 영어 표현을 써넣으세요.

1 아무 말 하지 않고 있을 경우 _____ one's _____ 이라고 표현하는데, 이는 혀를 붙잡아 두고 있다는 말로 '입을 꽉 다물다', '침묵하다'의 의미를 나타내는 표현입니다. 또한 I'm _____.라고 하면 혀가 묶여 있다는 말로 '아무 말 못했다'라는 말이 됩니다

2 누군가의 농담이 별로일 때 우리는 썰렁하다고 하죠. 썰렁하다고 해서 영어로 It is cold.라고 하지 않습니다. 그런 상황에서는 _____ _____. 또는 _____ _____.라고 하면 되는데, 이때 _____는 '진부한', '시시한', '구식의'라는 뜻이고, _____은 '절름발이의'라는 뜻이지만 '어설픈', '재미없는'의 의미로도 사용됩니다.

3 친구가 허풍을 너무 떨거나 말도 안 되는 썰렁한 농담을 계속 할 때, 듣기 싫은 경우가 있죠. '그만 해, 됐거든!'이라고 말하고 싶을 때 _____ _____ _____.이라고 말하세요.

CHAPTER 12 건강

A 빈칸에 알맞은 단어를 써 넣어 문장을 완성하세요.

01 나는 그의 건강이 걱정된다.

I am _____ _____ his health.

02 몸이 찌뿌드드했다.

I was _____ _____ _____.

03 나는 아픈 체했다.

I _____ _____ be sick.

04 아파서 못 간다고 전화했다.

I _____ _____ sick.

05 감기가 악화되어 폐렴이 되었다.

My cold _____ _____ pneumonia.

06 감기에서 회복되었다.

I _____ _____ my cold.

07 통증이 심했다.

I felt a _____ _____.

08 의자에 부딪쳤다.

I _____ _____ the chair.

09 온 몸이 시퍼렇게 멍들었다.

I was _____ _____ _____ all over.

10 단 것을 멀리해야겠다.

I need to _____ _____ _____ all sweets.

보기			
called in	ran into	severe pain	pretended to
developed into	concerned about	recovered from	keep away from
black and blue	under the weather		

B 주어진 단어들로 문장을 만드세요.

01 과식은 건강에 해롭다.
our / is / for / bad / health / overeating

_____

02 의사가 내게 약을 처방해 주었다.
me / for / some / the doctor / medicine / prescribed

_____

03 그 병은 의학적인 치료가 불가능하다고 한다.
to / is / beyond / said / medical / the disease / treatment

_____

04 코가 막혀 숨쉬기가 어려웠다.
had / I / was / trouble / because / breathing / my nose / congested

_____

05 감기가 낫는 데 오래 걸렸다.
me / it / took / time / a long / over / to get / my cold

_____

06 모기에 물려 다리가 퉁퉁 부어 올랐다.
on / have / mosquito / I / bite / my leg / a swollen

_____

07 목에 생선 가시가 걸렸다.
in / had / stuck / I / my neck / a fishbone

_____

08 하루에 1시간씩 운동을 하기로 했다.
made / out / I / to work / every day / a decision / for an hour

_____

09 입원 수속을 밟았다.
to / for / applied / admission / I / the hospital

_____

C 다음 문장을 영어로 작문하세요.

01 나는 튼튼하다.

_____

02 그는 담배를 많이 핀다.

_____

03 그가 담배를 끊을 수 있었으면 좋겠다.

_____

04 아침 식사를 거르는 것은 건강에 해롭다.

_____

05 하루 세끼를 골고루 먹어야 한다.

_____

06 운동은 사람에게 좋다.

_____

07 열이 내리도록 약을 먹었다.

_____

08 수술을 받아야만 했다.

_____

09 온 몸이 가려웠다.

_____

10 손에 가벼운 화상을 입었다.

_____

11 휴식은 건강을 유지하는 데 아주 중요하다.

_____

12 다리에 깁스를 하고 있다.

_____

13 시력이 떨어지고 있다.

_____

14 이가 누렇게 변했다.

_____

15 진찰을 받기 위해 진료 예약을 했다.

_____

언어 상식 Tips

빈칸에 알맞은 영어 표현을 써넣으세요.

1 SMOKE-_____를 간혹 한국인들은 흡연을 자유롭게 하라는 뜻으로 잘못 이해하는 데,
   이는 '금연'이라는 뜻입니다. 이렇게 _____는 '~가 없는'이라는 뜻으로 쓰이기도 합니다.
   예를 들어 무가당 주스는 sugar- _____ juice, 알코올 성분이 없는 음료는 alcohol-
   _____ beverage가 됩니다.

2 _____는 '떠나다, 남겨두다' 등의 의미이지만, 명사로 쓰여 '(공식적으로 받는) 휴가'의 뜻
   을 나타냅니다. '그가 휴가로 없다'고 하려면 He is away on _____.라고 하면 됩니다.

3 '아침/점심/저녁 식사를 하다'는 _____ breakfast/lunch/dinner라고 표현합니다. 어떤
   구체적인 먹을거리를 먹을 때는 _____, 음료를 마실 때는 _____, 벌컥벌컥
   마시면 _____, 홀짝홀짝 마시면 _____, 꿀꺽 삼키면 _____,
   게걸스럽게 먹는 것은 _____ 라고 해요. 그리고 약을 먹을 때는 _____를 씁
   니다.

A 빈칸에 알맞은 단어를 써 넣어 문장을 완성하세요.

01 머리 염색은 학교 규칙에 어긋난다.

Dying hair _____ _____ school rules.

02 아빠가 학교 앞에서 내려 주신다.

My dad _____ _____ _____ in front of my school.

03 늦어서 학교로 급히 뛰어갔다.

I was late, so I _____ _____ the school.

04 나는 뭘 만드는데 소질이 없다.

I _____ _____ _____ making things.

05 나는 토론에 적극적으로 참여했다.

I actively _____ _____ _____ the discussion.

06 조사해야 할 자료가 많았다.

There were many materials to _____ _____.

07 그 수업을 따라갈 수가 없었다.

I couldn't _____ _____ _____ the class.

08 그는 항상 문제를 일으킨다.

He is always _____ _____ trouble.

09 많은 내용을 외우려고 노력했다.

I tried to learn a lot of information _____ _____.

10 인터넷에서 자료를 찾아보았다.

I _____ _____ the information on the Internet.

보기	is against	rushed into	looked up	look into
	by heart	getting into	drops me off	am poor at
	catch up with	took part in		

주어진 단어들로 문장을 만드세요.

01 우리 학교는 집에서 걸어서 2분 거리이다.
is / walk / from / my school / my house / a two-minute

_____

02 선생님께서 무슨 설명을 하시는지 이해할 수가 없었다.
what / couldn't / I / understand / the teacher / explained

_____

03 수업 시간 중에 친구들에게 장난을 쳤다.
on / I / a trick / played / during class / my friends

_____

04 선생님의 말씀에 주의를 기울이지 않았다.
to / I / pay / didn't / the teacher / attention

_____

05 수업 시간에 떠들어서 미술 선생님께 벌을 받았다.
me / punished / talking / for / in class / my art teacher

_____

06 밤 늦도록 잠을 자지 않고 공부했다.
I / up / at / late / night / stayed / studying

_____

07 그 문제는 너무 어려워서 풀 수가 없었다.
to / me / was / for / too / solve / difficult / the question

_____

08 나에게는 과외가 도움이 되지 않는다.
to / studying / me / with / isn't / my tutor / helpful

_____

09 학교를 그만 둘까 생각 중이다.
of / am / school / thinking / dropping / I / out of

_____

C 다음 문장을 영어로 작문하세요.

01 나는 등교할 때 스쿨버스를 이용한다.

_____

02 결석생이 없었다.

_____

03 긴장되었지만 잘 해냈다.

_____

04 틀린 대답을 했다.

_____

05 나는 어려운 질문으로 선생님을 곤란하게 만들었다.

_____

06 하루 온종일 놀지도 않고 공부만 했다.

_____

07 시험 전에 노트를 훑어보았다.

_____

08 나는 장학생이다.

_____

09 방학 계획을 잘 세울 것이다.

_____

10 나는 성적에 신경을 많이 썼다.

_____

11   2주일 이내로 보고서를 제출해야 한다.

_____

12   나는 1년 정도 어학 연수를 받을 것이다.

_____

13   다른 아이와 비교되는 것이 정말 싫다.

_____

14   나는 아르바이트를 해서 학비를 번다.

_____

15   룸메이트와 아파트에서 함께 지냈다.

_____

언어 상식 Tips

빈칸에 알맞은 영어 표현을 써넣으세요.

1   '공부를 잘하다'는 study well이라고 해서는 안 됩니다. study well은 좋은 자세로 열심히 공부한다는 말이죠. 학습 내용을 잘 받아들여 성적이 좋다는 의미로는 I _____ well in school. 이라 고 합니다. 반대로 공부를 못하는 경우는 I _____ poorly in school.이라고 하죠.

2   그냥 들려오는 소리를 듣게 되는 것은 _____, 귀를 기울여 잘 들으려고 하는 것은 _____ _____로 써야 합니다. 예를 들어, 지나가다가 어디선가 들려오 는 라디오 소리를 들었다면 _____로, 자기 전에 좋아하는 라디오 프로그램을 듣는다면 _____ _____라고 쓰면 됩니다.

3   원래 _____는 '때리다', '치다'의 뜻이지만 _____ the books는 '열심히 공 부하다'라는 의미입니다. 그리고 _____ the road는 '길을 떠나다', _____ the pillow는 '잠자러 가다', _____ the slope는 '스키 타다', _____ the bottle은 '술 마시다'의 뜻입니다.

CHAPTER 14 학교행사

A 빈칸에 알맞은 단어를 써 넣어 문장을 완성하세요.

01 그는 발이 무척 빨랐다.

He ran like _____ _____.

02 우리는 그 경기를 포기했다.

We _____ _____ the game.

03 나는 여자로 분장했다.

I _____ _____ myself as a woman.

04 나는 어느 동아리에도 속해 있지 않다.

I don't _____ _____ any clubs.

05 운동장에서는 바자회가 열렸다.

The bazaar _____ _____ _____ the sports field.

06 해변에서 캠핑을 했다.

We _____ _____ camp on the beach.

07 비가 왔는데도 불구하고 소풍을 갔다.

_____ _____ it was rainy, we went on a school trip.

08 여행 중에 찍은 사진을 빨리 보고 싶다.

I _____ _____ _____ the pictures from the trip.

09 선행상을 받았다.

I _____ _____ _____ for my good conduct.

10 불꽃놀이를 했다.

We _____ _____ fireworks.

보기	set off	set up	a deer	even though
	belong to	threw out	made up	got a prize
	was held on	can't wait for		

58

주어진 단어들로 문장을 만드세요.

01 우리 학교는 매년 10월에 축제가 있다.
at / in / there's / my school / a festival / October / each year

_____

02 체육 대회는 학교의 연중행사이다.
is / of / sports day / a part / school / the annual / program

_____

03 우리는 학교 축제 때 무대에서 연극을 했다.
on / we / at / a play / performed / stage / the school festival

_____

04 너무 흥분돼서 잠이 안 온다.
am / I / so / that / excited / can't / I / fall asleep

_____

05 늦게까지 자지 않고 친구들과 이야기를 나누었다.
with / I / up / stayed / late / my friends / talking

_____

06 싼 가격에 내가 원하는 물건을 살 수 있었다.
was / I / able / at / what / wanted / I / to get / a cheap price

_____

07 우리는 몇 가지 경기에서 다른 반과 겨루었다.
in / we / with / other / a few / competed / classes / sports events

_____

08 배를 타고 선상여행도 했다.
by / on / we / tour / went / boat / a sightseeing

_____

02 우등상을 타서 자랑스러웠다.
of / proud / was / winning / I / prize / an honor

_____

C 다음 문장을 영어로 작문하세요.

01 팽팽한 경기가 많았다.

_____

02 달리기에서 일등을 했다.

_____

03 학교 축제를 즐겼다.

_____

04 소풍 가서 친구들과 사진을 찍었다.

_____

05 가족들에게 줄 기념품도 몇 개 샀다.

_____

06 나는 독서 동아리의 회원이다.

_____

07 형이 내가 짐 꾸리는 것을 도와주었다.

_____

08 나는 올해 학교를 졸업하게 된다.

_____

09 비가 와서 경기가 연기되었다.

_____

10 나는 장기 자랑 대회에서 인기가 좋았다.

_____

11   도시락과 마실 것을 배낭에 넣었다.

_____

12   나는 그곳을 여러 번 가 보았다.

_____

13   나는 친구들에게 우리 동아리에 가입할 것을 권유했다.

_____

14   날씨가 좋아서 다행이었다.

_____

15   가족과 친척들이 내 졸업을 축하해 주었다.

_____

언어 상식 Tips

빈칸에 알맞은 영어 표현을 써넣으세요.

1   우리는 보통 동아리를 서클(circle)이라고 하는데, 이에 대한 올바른 영어표현은 _____입니다. circle은 동일한 이해관계나 직업을 가진 사람들의 집단을 나타내는 말로, business circle(실업계)에서처럼 '~계', '집단'의 의미를 나타내고, _____은 공식적으로 조직되어 정기적으로 만나는 동아리를 나타내는 말입니다.

2   원래 _____는 나비가 팔랑거리며 날아가는 것, 꽃잎이 살랑살랑 떨어지는 것을 나타내는 데, 마음이 설레서 가슴이 콩닥거리는 것을 나타낼 때 이 단어를 씁니다. '그녀를 볼 때마다 설렌다'고 하려면 My heart _____ whenever I see her.라고 하면 됩니다.

3   우리말로 '찾다'에는 두 가지 영어표현이 있습니다. _____ _____는 필요하거나 잃어버린 것을 찾는 동작이나 과정을 나타내는 말인 '찾아보다'이며, _____는 그 후의 결과, 즉 '찾다', '발견하다'를 나타내는 말입니다. '그 쪽지를 찾아 보았으나, 찾을 수가 없었다'고 하려면 I _____ _____ the slips, but I couldn't _____ them.이라고 해야 합니다.

CHAPTER 15 친구

A 빈칸에 알맞은 단어를 써 넣어 문장을 완성하세요.

01 그는 절대 자신의 본색을 드러내지 않는다.

He never shows _____ _____ _____.

02 나는 그와 친하게 지내고 싶다.

I want to _____ _____ _____ him.

03 그와 사귀게 되었다.

I _____ _____ _____ him.

04 나는 그와 좋은 관계를 유지하고 있다.

I keep a good _____ _____ him.

05 나는 그 일에서 빠지고 싶었다.

I wanted to _____ _____ _____ it.

06 그가 날 놀렸다.

He _____ _____ _____ of me.

07 그와 말다툼을 했다.

I _____ _____ him.

08 그를 외면해 버렸다.

I gave him the _____ _____.

09 그의 감정을 상하게 할 의도는 아니었다.

I didn't _____ _____ _____ him.

10 그와 화해했다.

I _____ _____ _____ him.

보기	argued with	cold shoulder	made up with	keep company with
	relationship with	stay out of	made a fool	mean to offend
	his true colors	got acquainted with		

주어진 단어들로 문장을 만드세요.

01 외국에서 온 친구가 있다는 것은 매우 흥미로운 일이다.
is / having / from / very / a friend / abroad / exciting

_____

02 그는 이성 친구가 많다.
of / he / many / has / acquaintances / sex / the opposite

_____

03 그가 나를 바보라고 부르면서 모욕했다.
me / he / by / insulted / me / calling / a fool

_____

04 친구와 종종 다툼을 하곤 했다.
used / I / with / to quarrel / my friends / on and off

_____

05 그 사진을 보면 옛 친구들이 생각난다.
my / of / me / the picture / old / reminds / friends

_____

06 친구들에게 안부를 전해 달라고 그에게 부탁했다.
him / asked / to give / my / I / to / regards / some friends

_____

07 오랫동안 그의 소식을 듣지 못했다.
I / him / hear / didn't / anything / from / for long

_____

08 어떻게 지내는지에 대해 이야기를 나누었다.
we / how / talked / we / about / doing / had been

_____

09 그는 남의 약점을 잘 이용한다.
of / he / advantage / other's / takes / weaknesses

_____

C 다음 문장을 영어로 작문하세요.

01 우리는 항상 붙어 다닌다.

_____

02 나는 그에게 신세를 많이 졌다.

_____

03 그는 우리 반에서 왕따이다.

_____

04 그는 나를 항상 괴롭힌다.

_____

05 나는 종종 그와 잘 맞지 않는다.

_____

06 그의 말을 듣고 매우 화가 났다.

_____

07 너무 불쾌해서 참을 수가 없었다.

_____

08 나는 그를 못 본 척했다.

_____

09 오랫동안 그를 못 만났다.

_____

10 그는 고등학교 동창이었다.

_____

11   그는 옛날 모습 그대로였다.

_____

12   그가 낯익어 보였다.

_____

13   도서관에 가는 길에 그를 만났다.

_____

14   몇 년 만에 만나는 것이었다.

_____

15   오랜만에 옛 친구들을 만나서 매우 즐거웠다.

_____

언어 상식 Tips

빈칸에 알맞은 영어 표현을 써넣으세요.

1   '~와 친구가 되다', '~를 사귀다'는 make _____ with로 표현하는데, _____는 복수 형태로 써야 합니다. 친구가 되는 것처럼 두 사람 또는 두 개 이상의 것이 있어야 상호적으로 작용되는 것을 나타낼 때 복수 형태로 씁니다. 예를 들어, '~와 악수하다'는 shake _____ with, '~와 자리를 바꾸다'는 exchange _____ with, '기차를 갈아타다'는 change _____라고 합니다.

2   놀림을 받는 친구에게 '신경 쓰지 마!'라고 말하고 싶으면 _____!라고 하세요. 그럴 때 그 친구가 It's OK. I _____ _____. 즉 '괜찮아. 난 그런 것 신경 안 써.'라고 대답하면 좋겠네요.

3   〔_____ _____ + 동사원형〕은 '과거에 ~하곤 했다'라는 의미이지만 〔_____ _____ _____ + 명사/동명사〕는 '~에/~하는 것에 익숙해지다'라는 표현입니다. 예를 들어 I _____ _____ cook Western food.라고 하면 '나는 과거에 서양요리를 하곤 했다'이지만 I _____ _____ _____ cooking Western food.라고 하면 '나는 서양음식 요리하는 것에 익숙하다'라는 말이 됩니다.

A 빈칸에 알맞은 단어를 써 넣어 문장을 완성하세요.

01 그는 기품이 있어 보였다.

He _____ _____.

02 사랑은 나이와 상관없다.

Love is not _____ _____ age.

03 제 눈에 안경이다.

Beauty is in the _____ _____ the beholder.

04 나는 진심으로 그를 사랑한다.

I love him with _____ _____ _____.

05 그와 함께 있으면 마음이 편하다.

I _____ _____ _____ when I am with him.

06 우리는 손을 잡고 걸었다.

We walked _____ _____ _____.

07 나는 그녀에게 차였다.

I _____ _____ by her.

08 나는 그와 헤어졌다.

I _____ _____ _____ him.

09 나는 그와 약혼한 사이이다.

I _____ _____ _____ him.

10 이젠 그와 결혼할 수 있게 되었다.

Now I can _____ _____ with him.

보기	eye of	looked distinguished	related to	feel at home
	hand in hand	settle down	am engaged to	got rejected
	broke up with	all my heart		

B 주어진 단어들로 문장을 만드세요.

01 첫 사랑은 실패하기 쉽다고 한다.
is / it / are / said / fail / that / first loves / likely / to

_____

02 내가 그와 사랑에 빠지다니 정말 웃기는 일이다.
I / it's / love / so / that / funny / fell in / him / with

_____

03 그를 위해서는 무슨 일이든 할 수 있다.
for / I / willing / am / to do / him / everything

_____

04 그가 왜 작별 인사도 없이 떠났는지 궁금하다.
he / I / why / wonder / left / saying / without / goodbye

_____

05 사랑을 하기에 나는 너무 어리다.
be / am / I / young / to / too / in love

_____

06 우리 부모님은 내가 그와 결혼하는 것을 허락하지 않으실 것이다.
him / me / my parents / allow / to / won't / marry

_____

07 중요한 것은 그의 사람됨이지 그의 재산이 아니다.
the important thing / not / is / he is / what / but / he has / what

_____

08 그는 소개받은 사람마다 다 쫓아다닌다.
he / after / runs / every / he / lady / is / introduced to

_____

09 그의 유일한 결점은 좀 말랐다는 것이다.
is / his / is / only / he / drawback / that / skinny

_____

C 다음 문장을 영어로 작문하세요.

01 짚신도 짝이 있다.

_____

02 마음에 두고 있는 사람이 있다.

_____

03 그녀는 내가 꿈에 그리던 여자다.

_____

04 그는 내가 원하는 것은 무엇이든지 해 주었다.

_____

05 우리는 서로 말이 잘 안 통한다.

_____

06 생각할 시간이 필요했다.

_____

07 나는 짝사랑을 하고 있다.

_____

08 그녀는 나를 거절했다.

_____

09 그는 나를 바람맞혔다.

_____

10 그는 나를 오랫동안 계속 기다리게 했다.

_____

11 그의 청혼을 거절했다.

_____

12 그를 행복하게 해 주고 싶다.

_____

13 그와 영원히 함께 하고 싶다.

_____

14 그녀의 행동이 그녀답지 않았다.

_____

15 그녀 없이는 못 살 것 같다.

_____

언어 상식 TipS

빈칸에 알맞은 영어 표현을 써넣으세요.

1 여자친구를 만들고 싶다고 할 때 어떻게 해야 할까요? make a girlfriend라고 하면, 복제하거나 해서
   인간을 만들고 싶다는 말이 됩니다. 이럴 땐 I want to _____ a girlfriend.라고 해야 합
   니다. 또한 소개팅을 주선해 달라고 할 때에는 Please _____ me _____
   _____ someone.이라고 하세요.

2 '나는 그와 계속 연락을 취하고 싶다'는 영어로 I want to _____
   _____ _____ him.이라고 합니다. 반면에 '나는 그와 연락이 끊겼다'는 I
   _____ _____ _____ him.으로 표현합니다.

3 두 사람을 동시에 만나는 경우, 양다리를 걸친다고 하죠. 이는 _____라고 표현합니다. '그
   는 미나 몰래 수미와 양다리를 걸쳤다'고 하려면 He _____ Mina with Sumi.라고 하면
   됩니다.

CHAPTER 17 취미 활동

A 빈칸에 알맞은 단어를 써 넣어 문장을 완성하세요.

01 취미는 취향에 따라 다르다.
Hobbies vary _____ _____ taste.

02 나는 다양한 취미를 가지고 있다.
I _____ _____ in various pastimes.

03 나는 여행하기를 좋아한다.
I am _____ _____ traveling.

04 경치가 말로 표현할 수 없을 정도로 아름다웠다.
The scenery was beautiful _____ _____.

05 그 책은 읽을 가치가 있는 것이었다.
The book _____ _____ reading.

06 나는 음악에 취미가 있다.
I have a _____ _____ music.

07 나는 음악엔 문외한이다.
I have _____ _____ _____ music.

08 사진이 초점이 맞질 않았다.
The picture was _____ _____ focus.

09 실물이 더 낫다.
I look better _____ _____.

10 그 가수의 노래가 지금 방송되고 있다.
The singer's song is now _____ _____ _____.

보기			
taste for	was worth	according to	no ear for
fond of	beyond expression	out of	in person
am interested	on the air		

B 주어진 단어들로 문장을 만드세요.

01 책을 읽을 기분이 아니었다.
in / I / to / was / read / no mood / a book

_____

02 취미는 단지 시간을 보내기 위한 것만은 아니다.
is / only / having / not / a hobby / killing / for / time

_____

03 나는 사진 찍는 것이 재미있다는 것을 알게 되었다.
it / to / I / take / found / fun / pictures

_____

04 나는 이렇다 할 취미가 없다.
any / I / have / don't / worth / hobbies / mentioning

_____

05 나는 몇 시간씩 클래식 음악을 들으며 앉아 있곤 했다.
music / I / sit / used / for hours / to / listening / to classical

_____

06 그는 노래를 중간에서 끊었다.
me / cut / off / in / he / of / the middle / the song

_____

07 그는 마이크를 잡으면 놓으려고 하지 않는다.
never / he / lets / the microphone / go of / once / it / he / takes

_____

08 나는 달리는 것처럼 포즈를 취했다.
as / I / was / posed / if / I / running

_____

09 마음에 들지 않는 사진들을 지웠다.
I / didn't / the pictures / that / I / deleted / like

_____

C 다음 문장을 영어로 작문하세요.

01 나는 노래 부르기에 특별한 재능이 있다.

_____

02 그 책은 한국어로 번역되어 있었다.

_____

03 내가 좋아하는 작가는 어니스트 헤밍웨이이다.

_____

04 나는 음악을 배운다.

_____

05 인터넷에서 노래를 다운받는다.

_____

06 노래로 기분 전환을 했다.

_____

07 우리는 블루스 음악에 맞추어 함께 춤을 추었다.

_____

08 나는 방에 르누아르의 그림을 걸어 놓았다.

_____

09 나는 카메라에 필름을 넣었다.

_____

10 내 애완동물은 순종이다.

_____

11 나는 개를 산책시켰다.

_____

12 그의 신곡들이 유행이다.

_____

13 그녀는 악성 루머로 고전하고 있다.

_____

14 재봉틀로 드레스를 만들었다.

_____

15 핀으로 천을 고정시켰다.

_____

언어 상식 TipS

빈칸에 알맞은 영어 표현을 써넣으세요.

1 클래식 음악, 즉 고전 음악이라고 칭하는 것은 classic music이 아니라 _____ music 이라고 합니다. classic은 문학, 음악 등의 예술 분야에서 명곡이나 걸작과 같은 최고의 작품을 일컫는 말입니다. 클래식 음악의 클래식은 '고전적인'의 뜻을 나타내는 _____ 로 표현합니다.

2 노래하는 가수 뒤에서 춤을 추는 사람을 back dancer라고 하는데, 이는 잘못된 표현입니다. 올바른 영어표현은 _____ dancer입니다. 따라서 back dancing도 _____ dancing이 맞는 표현이며, back music이 아닌 _____ music이 맞는 표현입니다.

3 '~하면 좋겠다', '~하면 좋을 텐데'처럼 현실적으로 그렇지 않거나 이루기 어려운 소원을 나타내고 싶을 때는 [I _____ (that) 주어 + 동사의 과거형 ~]구문으로 나타내세요. 예를 들어, '애완동물이 하나 있으면 좋겠다'고 하려면 I _____ I _____ a pet.이라고 하면 됩니다.

A 빈칸에 알맞은 단어를 써 넣어 문장을 완성하세요.

01 헬스 클럽에 등록했다.

I _____ _____ _____ the fitness center.

02 근육을 키우고 싶다.

I want to _____ _____ my muscle strength.

03 비 때문에 그 경기가 취소되었다.

The game was _____ _____ because of rain.

04 그는 수비수를 뚫고 슛을 했다.

He _____ _____ _____ through the defense.

05 그는 도루에 실패했다.

He _____ _____ stealing.

06 내가 서브할 차례였다.

It was _____ _____ to serve.

07 폭우가 내리는 데도 경기는 계속 진행되었다.

In spite of the heavy rain, the game _____ _____.

08 3대 2의 점수로 이겼다.

We won with _____ _____ _____ 3 to 2.

09 그 선수는 올해의 가장 훌륭한 선수로 뽑혔다.

He _____ _____ the Most Valuable Player this year.

10 그 경기는 동점으로 끝났다.

The game ended _____ _____ _____.

보기	was voted	went on	my turn	called off
	build up	was caught	signed up for	in a tie
	a score of	got the shot		

B 주어진 단어들로 문장을 만드세요.

01 실내 운동이 내 체질에 맞는다.
my / indoor / doing / suits / activities / constitution

_____

02 스트레칭을 하는 것만으로도 도움이 될 수 있다.
be / it / helpful / can / just / out / to stretch

_____

03 운동 부족이 건강을 나쁘게 만드는 것 같다.
is / of / a lack / exercise / likely / health / to lead / to poor

_____

04 운동 전에 하는 준비 운동은 부상을 예방하는 데 도움이 된다.
warming up / before / helps / a workout / injuries / prevent

_____

05 운동으로 몸을 좀 다듬을 것이다.
to / I'm / put / going / myself / a workout / through

_____

06 공차기를 하루에 2시간씩 연습했다.
for / I / two / kicking / practiced / balls / hours / a day

_____

07 그가 멋지게 두 골을 넣는 것을 보았다.
I / him / saw / two / goals / nice / score

_____

08 그는 홈으로 슬라이딩 했으나 터치 아웃되었다.
home / slid / he / into / was / he / plate, / but / tagged

_____

09 나는 백핸드 치는 것에 익숙하지 않았다.
not / I / to / was / hitting / used / backhands

_____

C 다음 문장을 영어로 작문하세요.

01 나는 매일 조깅으로 운동을 한다.

_____

02 내 특기는 달리기다.

_____

03 운동은 휴식에 도움이 된다.

_____

04 운동으로 기분을 전환했다.

_____

05 요가는 집중력을 많이 필요로 한다.

_____

06 우리 팀을 응원했다.

_____

07 나는 LG 트윈스의 열렬한 팬이다.

_____

08 그가 2루로 도루를 했다.

_____

09 나는 공을 되받아 치지 못했다.

_____

10 게임에서 져서 기분이 좋지 않았다.

_____

11 이길 승산이 있는 경기였다.

_____

12 우리 팀이 2대 3으로 졌다.

_____

13 나는 부상 때문에 경기에 뛰지 못했다.

_____

14 나는 축구를 하는 것보다는 보는 것을 좋아한다.

_____

15 운동을 하면 힘이 솟는다.

_____

언어 상식 Tips

빈칸에 알맞은 영어 표현을 써넣으세요.

1 보통 운동을 한다고 할 경우 동사 _____를 사용하여 _____ soccer, _____ tennis 등이라고 하지만, 요가나 에어로빅 그리고 태권도, 유도를 한다고 할 때는 동사 _____를 사용하여 _____ yoga, _____ aerobics, _____ taekwondo, _____ judo로 표현합니다.

2 일정한 구역 안에서 공으로 상대편을 맞히는 공놀이인 피구는 공을 피해야 하므로 '몸을 살짝 피하다'라는 의미의 _____를 사용하여 _____ ball이라고 합니다. 그리고 발로 공을 차서 네트를 넘기는 족구는 _____ ball이라고 합니다.

3 여럿이 함께 하는 운동경기나 구기 종목을 할 때는 play 동사를 사용하지만, 수영이나 스케이트처럼 혼자 하는 스포츠나 그저 오락이나 활동을 위한 것은 '_____-ing' 형태로 나타냅니다. 예를 들어, _____ swimming(수영하다), _____ bowling(볼링 치다), _____ skating(스케이트를 타다), _____ skiing(스키를 타다), _____ jogging(조깅하다) 등이 있습니다.

A 빈칸에 알맞은 단어를 써 넣어 문장을 완성하세요.

01 나는 쇼핑 중독자는 아니다.

I am not a _____ _____.

02 재고가 있었다.

It was _____ _____.

03 그 상품은 다 팔리고 없었다.

The item was _____ _____.

04 그는 나에게 덤을 더 주셨다.

He gave me more _____ _____.

05 배달 비용은 없었다.

They don't _____ _____ delivery.

06 정말 좋은 가격으로 샀다.

I bought it at _____ _____ _____.

07 나는 그것을 할부로 샀다.

I bought it _____ _____.

08 주문하려고 전화를 했다.

I called to _____ _____ _____.

09 그 물건값을 환불 받고 싶었다.

I wanted to _____ _____ _____ on the item.

10 그것은 날개 돋친 듯 팔리고 있었다.

It was selling like _____ _____.

보기	in stock	hot cakes	sold out	shopping addict
	for free	charge for	get a refund	place an order
	in installments	a good bargain		

B 주어진 단어들로 문장을 만드세요.

01 그 쿠폰은 그 날 하루 동안만 유효했다.
just / was / the coupon / valid / the day / for

_____

02 사고 싶은 물건들이 정말 많았다.
were / there / so / I / many / that / wanted / items / to buy

_____

03 주차권 받아 오는 것도 잊지 않았다.
I / to / didn't / my / forget / parking / get / validation

_____

04 내가 기대했던 것만큼 좋지 않았다.
it / I / was / had / not / expected / as good as

_____

05 내가 담은 물건들로 카트가 가득 찼다.
full / the cart / was / of / I / that / had / the things / into it / put

_____

06 너무 비싸서 세일 때까지 기다릴 것이다.
too / it / expensive, / is / I / so / will / wait / to go / for it / on sale

_____

07 그들은 영수증을 확인하고 돈을 환불해 주었다.
me / they / a refund / gave / checking / after / the receipt

_____

08 쿠폰을 사용하면 전체 금액에서 10%를 할인 받을 수 있다.
of / we / by / can / 10% off / save / with / our bill / shopping / coupons

_____

09 인터넷 사기를 조심할 필요가 있다.
be / we / to / need / about / careful / Internet scams

_____

C 다음 문장을 영어로 작문하세요.

01 그저 구경만 했다.

_____

02 인터넷 쇼핑을 했다.

_____

03 마음에 드는 것이 하나도 없었다.

_____

04 무엇을 사야 할지 결정할 수가 없었다.

_____

05 중국에서 만들어진 옷이었다.

_____

06 내 사이즈의 옷을 찾기가 어려웠다.

_____

07 유통기한을 확인했다.

_____

08 가격이 표시되어 있지 않았다.

_____

09 그 마트는 배달 서비스를 해 준다.

_____

10 값이 터무니없이 비쌌다.

_____

11 싸게 잘 샀다.

_____

12 현금으로 지불했다.

_____

13 내가 산 것보다 더 많은 금액이 청구되었다.

_____

14 교환을 하고 싶었다.

_____

15 가격이 좀 더 좋은 데가 있는 지 알아보려 다녔다.

_____

언어 상식 Tips

빈칸에 알맞은 영어 표현을 써넣으세요.

1 백화점은 _____ _____, 대형 할인 마트는 large _____
   _____, 제조업체의 직판점은 _____, 큰 건물에 식당, 영화관, 상점
   이 다 있는 복합 상가는 _____ 이라고 합니다. 또한 벼룩시장은 _____
   _____ 이라고 하죠.

2 어떤 물건이 세일 중일 때는 _____ _____ 로 나타냅니다.
   _____ _____은 '판매하려고 내 놓은' 즉, '판매 중'이라는 의미입니다. The
   bag is _____ _____.은 '그 가방이 세일 중이다'라는 의미이고 The bag
   is _____ _____.은 '그 가방이 판매 중이다'라는 말입니다.

3 물건 값에 대해서 말할 때, 물건이 주어로 오면 '비싼'의 의미인 _____, costly, '싼'의 의미
   를 나타내는 inexpensive, _____ 등으로 표현하고, 가격이 어떠했다는 문장으로 쓰기 위
   해 the price를 주어로 쓰면, 비쌌다면 _____로, 쌌다면 _____로 써야 합니
   다. 즉 The price is costly.는 잘못된 문장이 됩니다. The price is _____.라고 해야죠.

A 빈칸에 알맞은 단어를 써 넣어 문장을 완성하세요.

01 그 전시관은 무료이다.

We can enter the gallery _____ _____.

02 음악회 티켓을 예매했다.

I bought the concert ticket _____ _____.

03 그는 교향악단과 협연했다.

He was _____ _____ the symphonic orchestra.

04 그 연극은 순회공연 중이다.

They are taking the play _____ _____ _____.

05 정말 영화 보러 가고 싶었다.

I _____ _____ _____ go to the movies.

06 강아지와 마음껏 뛰어 놀았다.

I ran with my dog to _____ _____ _____.

07 어떤 사람이 새치기를 했다.

Someone _____ _____ line.

08 계획이 수포로 돌아갔다.

The plan _____ _____.

09 가족들이 배웅을 해 주었다.

My family _____ _____ _____.

10 입국 심사를 받았다.

I _____ _____ immigration.

보기	cut in	for nothing	broke down	in advance
	went through	accompanied by	saw me off	on the road
	my heart's content	was eager to		

82

B

주어진 단어들로 문장을 만드세요.

01 여러 문화를 경험하면 사람들을 더 잘 이해할 수 있게 된다.
cultures / experiencing / me / different / people / makes / understand / better

_____

02 너무 일찍 도착해서 한 시간을 기다려야 했다.
so / I / that / arrived / I / had to / early / for / wait / an hour

_____

03 나는 최근에 개봉된 영화를 보러 갔다.
a / I / to / went / recently / film / released / see

_____

04 그것은 내가 지금까지 본 연극 중 가장 재미있는 연극이었다.
the most / it / play / was / ever / interesting / I'd / seen

_____

05 놀이 공원에는 다양한 놀이 기구와 행사가 있었다.
had / various / many events / and / amusement rides / the amusement park

_____

06 그것이 높이 올라 갈수록 더 겁이 났다.
it / the higher / went / the more / up, / was / scared / I

_____

07 원숭이가 사람 흉내를 내는 것을 보니 우스웠다.
funny / it / to watch / was / monkeys / like / act / humans

_____

08 그림 같은 주변 경관을 즐기며 달렸다.
my / I / way / the picturesque / pedaled / enjoying / surrounding

_____

09 탑승 시간이 바뀌었다는 안내 방송이 있었다.
was / there / that / time / the boarding / had / changed / been / an announcement

_____

C 다음 문장을 영어로 작문하세요.

01 그 미술관은 가 볼만한 곳이다.

_____

02 그림들이 모사품인 것 같았다.

_____

03 그 연극은 엄청난 흥행을 거두었다.

_____

04 그 연극은 이해하기가 어려웠다.

_____

05 나는 영화표를 사려고 줄을 섰다.

_____

06 영화 시사회에 갔다.

_____

07 그 장면이 아직도 생생하다.

_____

08 나는 비명을 지르며 도망갔다.

_____

09 하늘에는 기구들이 높이 떠 있었다.

_____

10 꽃을 꺾지 말라고 되어 있었다.

_____

11 손에 가시가 찔렸다.

_____

12 허브 정원이 제일 좋았다.

_____

13 여행갈 날짜를 잡았다.

_____

14 안전벨트를 착용했다.

_____

15 그 풍경은 그림처럼 아름다웠다.

_____

언어 상식 TiPS

빈칸에 알맞은 영어 표현을 써넣으세요.

1 연예인이나 작가 등 유명인사로부터 받는 사인은 _____라고 하고, 계약서나 합의서에 하는 사인은 _____라고 합니다. _____은 이런 동작을 하는 것을 나타내는 동사이고, 명사로 쓰이면 '표지판', '신호', '징조'의 의미를 나타냅니다.

2 terrible과 terrific은 둘 다 '끔찍한, 무시무시한'의 뜻을 가지고 있지만 _____은 '아주 형편없는'을, _____은 '아주 좋은'의 의미로, 두 단어 반대의 의미로 쓰입니다. 또한 awful과 awesome도 둘 다 '두려운', '무서운'의 뜻을 가지고 있지만, _____은 terrible과 같은 의미로, _____은 terrific과 같은 의미를 나타냅니다.

3 fear, horror, thrill, suspense의 차이는 무엇일까요? _____는 무대에 섰을 때나 어두워지면 느끼는 공포와 같은 두려움, _____는 소름 끼치고 혐오스러운 것으로부터 느끼는 공포, _____은 두근두근하고 오싹오싹 떨리는 공포, _____는 어쩔 줄 모르게 긴장된 상태를 말합니다.

A 빈칸에 알맞은 단어를 써 넣어 문장을 완성하세요.

01 내가 그 일에 아주 적임자다.

I am _____ _____ _____ the work.

02 요즘은 취업하기가 매우 어렵다.

These days the job market is _____ _____.

03 컴퓨터 관련 직업에 지원했다.

I _____ _____ the job related to computers.

04 나는 관리자의 직책을 맡고 있다.

I am _____ _____ _____ managing.

05 일을 마치고 집에 돌아갔다.

I _____ _____ a day and went home.

06 할 일이 산더미 같다.

I am _____ _____ work.

07 월급이 인상되어 기쁘다.

I am happy to _____ _____ _____.

08 정리해고 당했다.

I got _____ _____.

09 아버지의 식당을 인계 받았다.

I _____ _____ my father's restaurant.

10 경기 불황으로 고전하고 있다.

My business is _____ _____ the recession.

보기	very tight	swamped with	called it	applied for
	laid off	took over	cut out for	in charge of
	suffering from	get a raise		

B 주어진 단어들로 문장을 만드세요.

01 안정된 직업이 있다는 것은 행운이라고 생각한다.
it / I / is / a / think / to have / fortune / regular job / good

_____

02 나는 부장으로 승진했다.
was / I / to / of / the chief / promoted / my department

_____

03 일이 익숙해질 때까지는 무척 바빴다.
until / I / busy / got / was / used / to / I / my job

_____

04 나는 다음 주에 서울로 전근을 갈 것이다.
am / to be / I / transferred / going / next week / to Seoul

_____

05 은행으로부터 약간의 돈을 대출 받아야 했다.
some / I / borrow / from / money / had to / the bank

_____

06 직장을 자주 옮기는 것은 바람직하지 못하다.
is / it / jobs / desirable / not / to change / frequently

_____

07 내가 일하고 싶은 회사가 몇 개 있었다.
I / were / work for / there / companies / several / wanted to

_____

08 사업 중심가에 있는 사무실을 찾을 수 있었다.
in / was / to find / I / an office / a business / able /center

_____

09 그 회사는 직원들에게 무료로 숙식을 제공해 준다.
free / with / provides / the employees / the company / room and board

_____

C   다음 문장을 영어로 작문하세요.

01   좋은 직업을 갖는 것은 쉬운 일이 아니다.

_____

02   그 직업은 내 성격에 맞는다.

_____

03   그 회사는 어느 정도의 직업 경험을 필요로 했다.

_____

04   면접 시간이 잡혔다.

_____

05   면접에 합격했다.

_____

06   1주일에 한두 번은 야근을 한다.

_____

07   오늘은 쉬는 날이다.

_____

08   나는 통근버스를 이용한다.

_____

09   아파서 출근을 못한다고 전화했다.

_____

10   나는 사장과 사이가 좋지 않다.

_____

11 다른 직장으로 옮겼다.

_____

12 나는 지금 실직상태다.

_____

13 나는 작은 가게를 운영하고 싶다.

_____

14 사업이 계속 번창하고 있다.

_____

15 내 월급으로는 살아갈 수가 없다.

_____

언어 상식 Tips

빈칸에 알맞은 영어 표현을 써넣으세요.

1 취업은 안 되고 답답하고 막막하면 빽이라도 있어서 어느 회사로든 입사하면 좋겠다는 생각을 하는 사람도 있겠죠. 여기서 '빽'이라 하면 '연줄'에 해당하는 말로 영어로는 _____라고 합니다. '그는 빽이 좋다'는 표현은 He is a person of good _____.라고 합니다.

2 오늘은 내가 근무하는 날이라면 I am _____ _____ today., 오늘은 근무하지 않는 비번이라면 I am _____ _____ today.라고 하면 됩니다.

3 월급이나 연봉 같은 보수는 _____라고 하고, 아르바이트처럼 일한 시간이나 양만큼만 주는 임금은 _____라고 합니다. 또한 월급이나 임금 이외에 특별한 이유로 주는 수당은 _____라고 하죠. 그리고 열심히 일해서 특별한 실적을 남긴 사람에게 주는 장려금은 _____이고, 명절이나 연말 같은 특별한 때에 주는 상여금은 _____입니다.

4 회사원이라고 해서 I am a company man.이라고 하지 않습니다. company man은 회사 일만 생각하는 일벌레를 나타내는 말입니다. 회사원이라고 하려면 I _____ _____ a company.라고 해야 합니다.

CHAPTER 01

A

01 couldn't be better

02 clear up

03 am allergic to

04 in full bloom

05 It was likely

06 was caught in

07 felt like

08 turned red

09 a light snow

10 hit the slopes

B

01 It was ideal for taking a walk.

02 I didn't expect such a heavy rain.

03 I walked in the snow without an umbrella.

04 It is the time when we catch a cold easily.

05 The first snow came a month earlier than usual.

06 The area suffered a lot from the typhoon.

07 I didn't go out because of the yellow dust.

08 The skies were heavily overcast with dark clouds.

09 The temperature fell to 10 degrees below outside.

C

01 It was chilly.

02 It was foggy(=misty) this morning.

03 The snow has melted.

04 It rained cats and dogs.

05 It was a gentle spring day.

06 The snow was a meter deep.

07 The days are getting shorter.

08 It is getting hotter and hotter.

09 There was a refreshing breeze.

10 The world was covered with snow.

11 I was soaking wet.

12 They have an abundant harvest.

13 After the sun shone, the mist cleared up.

14 I couldn't fall asleep because of the tropical night.

15 According to the weather forecast, the weather will improve soon.

언어 상식 Tips

1 **sunshower**	2 **weather**
3 **sensitive**	4 **beat**

CHAPTER 02

A

01 got accustomed to

02 skim through

03 between meals

04 for my snack

05 keep a diary

06 like a baby

07 as a bee

08 am tired of

09 on top of

10 out of

B

01 I got out of bed in a hurry.

02 I tried to suppress my anger.

03 I fell asleep with the TV on.

04 I had a problem to think about.

05 I wish we had a longer lunch time.

06 I'm going to sleep over at my friend's house.

07 It took about 10 minutes to dry my hair.

08 I hurried up in order not to be late for school.

09 I spent a lot of time selecting my clothes for the day.

C

01 I woke up at six.

02 I am really exhausted.

03 I set the alarm clock for 6 o'clock.

04 I like to watch the program.

05 I watched 'Music Show' on TV Channel 6.

06 I brought sandwiches for lunch.

07 I had some cereal with a glass of milk.

08 I am worried about what I did today.

09 He looked down in the dumps.

10 I was suffering from a headache.

11 He lost his temper over nothing.

12 I couldn't control my temper.

13 I was disappointed with the news.

14 I didn't have enough time to take a nap.

15 I don't care what happens.

어어 사시 Tips

1 oversleep, sleep in, get up late

2 put on, wear, take off

3 tonight, last night, this morning,
  a few days later

4 energy

CHAPTER 03

A

01 grew up

02 by birth

03 in good health

04 get along well

05 feel at home

06 in common

07 reminds me of

08 black sheep

09 sense of humor

10 care for

B

01 I look a lot like my younger brother.

02 I dozed while the minister was giving a sermon.

03 My elder brother makes me laugh so much.

04 I am old enough to look after myself.

05 There are many things that Mother doesn't know.

06 There's nothing in his life except for his home and his family.

07 I wonder what Mom would have thought about it.

08 I wish I could talk it over with Mom once more.

09 I will do my best in order not to disappoint my parents.

C

01 I was born in Seoul in 1993.

02 I am a native of Seoul.

03 There's no place like home.

04 My mom does needle work very well. (= My mom is good at sewing.)

05 My mom never stops nagging.

06 My grandfather prefers rural life to urban life.

07 My aunt is married with two kids.

08 A good neighbor is better than a brother far off.

09 I will try my best for a brighter future.

10 My mom wants me to be a teacher in the future.

11 My dream is traveling around the world.

12 My mom puts her hopes in me.

13 I worship God on Sundays.

14 I prayed to God to bless my family.

15 I like the tranquil atmosphere of temples.

어어 사시 Tips

1 pass away, drop, drown, commit,
  assassinated , hanged

2 there, here, downtown, abroad,
  upstairs, downstairs

3 every

CHAPTER 04

A

01 took out

02 turned on

03 got rid of

04 wiped off

05 was hard for

06 was impossible to

07 was very difficult

08 in need of

09 burned out

10 broke down

B

01 I was careful not to break the glassware.

02 I forgot to turn off the gas stove after cooking.

03 I never wash dishes without breaking a dish.

04 The serviceman took care of the problem promptly.

05 The washing machine kept making a strange noise.

06 The detergent was good for taking out stains.

07 I filled the sink with water and dissolved the detergent in it.

08 I took down the old curtains and put up new ones.

09 The paint on the wall has been peeling.

C

01 I decided to clean up the room.

02 I like to do some gardening.

03 I had the clothes dry-cleaned.

04 I had to wash the clothes by hand.

05 The shirt has some stains on it.

06 My garden has gotten a lot of weeds.

07 I swept the yard with a broom.

08 Something was wrong with the freezer.

09 I ran an errand for my mom.

10 I put on rubber gloves to protect my hands.

11 I dropped a glass while washing the dishes.

12 I went to the grocery store to buy some ingredients.

13 I had a lot of work to do in the house.

14 I spent all day cleaning the house and cooking food.

15 I aired out the blankets in the sun.

어휘 시식 Tips

1 **wash, wipe, mop, brush, scrub, dry, polish**

2 **do**

3 **housekeeper, housewife, housekeeper**

CHAPTER 05

A

01 familiar to

02 gone to sleep

03 half an hour

04 got out of

05 are very crowded

06 cut in line

07 a ride

08 feel uneasy

09 popped up

10 ran out of

B

01 The transfer stations are always overcrowded.

02 It is important to make use of spare time.

03 I got on the opposite side of the tracks.

04 I stood in line in front of the ticket booth to get a ticket.

05 I get my car serviced twice a year.

06 It is very dangerous to doze off at the wheel.

07 I hope to hear from him as soon as possible.

08 We should not drive too fast on a rainy or snowy day.

09 I surf the Internet all day long on my day off.

C

01 I killed time watching TV.

02 These days I have little time for leisure.

03 There were three stops before the park.

04 I should have taken bus number 20.

05 I lazed around at home all day.

06 I had a flat tire.

07 We have to be careful at intersections.

08 My car was towed because I parked on the street.

09 He attached his picture to my e-mail.

10 I work part-time to make some money.

11 I opened an account with the bank today.

12 I deposited some money in the bank.

13 I withdrew some money.

14 I've left my wallet behind in the bus.

15 I didn't do that on purpose.

1 get on, get off, get in, get out of,
  take, ride

2 jam

3 forget, lose, lost, forgot

CHAPTER 06

A

01 around the corner

02 looking forward to

03 according to

04 falls on

05 was born

06 never spare

07 throw a party

08 broke the ice

09 fish out of

10 dropped by

B

01 I ate a bowl of rice cake soup and turned a year older.

02 I hope I can see the full moon on Chuseok this year.

03 He was not allowed to enter the party.

04 He was all dressed up to look his best.

05 I was afraid that my clothes looked old-fashioned.

06 I took it for granted that he would come.

07 I can't believe how quickly time flies.

08 They gave each of us some good advice.

09 My friends bought me a book for my birthday present.

C

01 I prayed to the moon for my family's happiness.

02 We gave them a hearty welcome.

03 My birthday will be in a few days.

04 I was busy preparing for the party.

05 I never expected anything like this.

06 I hoped he would like my present.

07 I picked out my clothes for the party.

08 I had a good time at the party.

09 I made a wish blowing out the candles.

10 I have no boyfriend to give chocolates to.

11 He invited me to join his party.

12 I was served delicious food.

13 I hope these cards will please my friends.

14 I was glad to receive several presents.

15 My parents made me what I am.

1 Same

2 congratulate, celebrate, celebrated,
  congratulated

3 Cheers, Cheers, make a toast

CHAPTER 07

A

01 low-fat

02 abstain from

03 disagree with

04 good for

05 turned up

06 another bite

07 eat out

08 is well known

09 have food delivered

10 my mouth water

B

01 I have to eat slowly so as not to get indigestion.

02 I put my heart into the food that I cooked.

03 There seemed to be too much salt in the soup.

04 I am getting used to sour fruits.

05 Each dish was either undercooked or overcooked.

06 It took a long time for me to be served.

07 I tasted the food to see whether it was properly seasoned.

08 I prepared the ingredients for making a cake.

09 I had to eat some leftovers from the refrigerator.

C

01 I didn't have much of an appetite.

02 The food had a lot of sugar in it.

03 The food looked old and stale.

04 The dressing was perfect for the salad.

05 The restaurant has a cozy atmosphere.

06 My friend treated me to dinner last time.

07 I called twice because the delivery was so late.

08 Luscious fruits were served for dessert.

09 We enjoyed the dishes they served.

10 I want to learn how to make kimchi.

11 I mixed the ingredients with seasoning.

12 I had a few doughnuts for a snack.

13 I preheated the oven to 150°C.

14 I baked some bread in the oven.

15 I cut my finger when I was cooking.

> **어머 살짝 Tips**
>
> 1 smart
>
> 2 house, complimentary, free
>
> 3 treat, on, guest

CHAPTER 08

A

01 make myself presentable

02 made of

03 dressed up

04 look good on

05 its cover

06 appealed to

07 come into fashion

08 go along with

09 feel awkward

10 good job

B

01 I think I have wonderful taste in clothes.

02 I don't understand those who wear half shirts.

03 People say that I look good in everything.

04 I asked the tailor to make the pants longer.

05 I try not to get behind the times.

06 I had my ears pierced to be able to wear earrings.

07 It's comfortable for me to wear tight pants.

08 I always buy clothes that don't need to be ironed.

09 The blouse didn't go with these pants.

C

01 I have a large wardrobe.

02 I don't care how I dress.

03 The necklace is fake.

04 I have a good sense of fashion.

05 I had the pants shortened.

06 The fashion was out of this world.

07 He always looks so sharp.

08 She was dressed to kill.

09 He only wears designer brands.

10 I bought a stylish sweater.

11 I look good in black.

12 The clothes looked old-fashioned.

13 I set a pearl in the gold ring.

14 My coat button fell off. (= My coat button came off.)

15 I stitched up the hole in my socks.

> **어머 살짝 Tips**
>
> 1 brand-name, designer brand, latest brand
>
> 2 dress, jacket, overcoat, underwear, hose, sweat, turtleneck, tie, bow, clip, dress, trench, undershirt

CHAPTER 09

A

01 broke through

02 grey-haired

03 going bald

04 am kind of

05 in bad shape

06 put on

07 messed up

08 take care of

09 out of shape

10 get rid of

B

01 I am overweight for my height.

02 I feel unhappy because pimples are breaking out.

03 After putting on base, I applied lipstick.

04 I went to a beauty shop to get my hair done.

05 She always takes pains with her appearance.

06 I am worried about the side effects of the cosmetic surgery.

07 Only one of my eyes has a double eyelid.

08 I try to eat less meat and more vegetables.

09 It is good to have light meals regularly.

C

01 I want to get cosmetic surgery.

02 I should get Botox injections.

03 He has to wear a wig.

04 I tied my hair in the back.

05 I have a strong build.

06 I wear light makeup.

07 I took off my makeup.

08 I wanted to get my hair dyed bright.

09 I have a tattoo on my back.

10 I had my hair cut shoulder-length.

11 I shave my face every morning.

12 I trimmed my fingernails.

13 I gave myself a manicure.

14 I am gaining weight these days.

15 I decided to go on a diet.

> **어휘 살짝 Tips**
>
> 1 resemble, look like, take after, have, have
>
> 2 put, on, putting, on
>
> 3 long face, long face, longish face

CHAPTER 10

A

01 good judge

02 opposite of

03 used to be

04 easy to please

05 count on

06 in his pocket

07 as hard as

08 shows off

09 puts on airs

10 a poker face

B

01 He is not as bad as I thought he would be.

02 He is a person who can live without laws.

03 He does many good things for people in need.

04 He has the patience to do anything well.

05 I make it a point to get up late in the morning.

06 I will correct the bad habit of shaking my leg.

07 I prefer to stay here rather than to go there.

08 He is always conscious of the eyes of others around him.

09 He is the last person who would help others.

C

01 He seems to be childish.

02 He never exposes himself.

03 He is always full of complaints.

04 I want to change my personality.

05 He easily gets nervous.

06 I have a handicap to overcome.

07 I am ashamed of my bad habit.

08 I never stick to anything.

09 He never gets upset about anything.

10 I am trusted by all my friends.

11 He easily gives up at everything.

12 I lack the ability to make a decision.

13 I have a habit of chewing my nails.

14 My friend and I are similar in character.

15 I don't care about other people's business.

> **어휘 살짝 Tips**
>
> 1 personality, character, nature, personality, character, natured
>
> 2 always
>
> 3 shake, shake, Shake

CHAPTER 11

A

01 speak ill of

02 look up to

03 as good as

04 act against

05 am inclined to

06 no good

07 into my mouth

08 puts his nose

09 no matter

10 taken in

B

01 He is anything but a liar.

02 I have no words to thank him enough.

03 It is against etiquette to talk too much at the table.

04 It is not good to speak with your mouth full at the table.

05 I couldn't help being surprised at his conduct.

06 I won't breathe a word about it to anyone.

07 He likes to talk about others behind their backs.

08 I am sure everything will work out fine.

09 He advised me on what to do first.

C

01 A little bird told me.

02 I am a poor speaker.

03 He has poor table manners.

04 He always talks sense.

05 His words broke my heart.

06 Flattery is foreign to my nature.

07 I bet he can make it.

08 He tends to break his promise often.

09 I wanted him to eat his words.

10 I didn't believe what he had told me.

11 I need to resolve this misunderstanding.

12 I was advised never to give up.

13 I promised not to do that again.

14 We sometimes get together and chew the chat.

15 I had a suspicion he was telling me a lie.

어휘 상식 TipS

1 hold, tongue, tongue-tied
2 That's corny. That's the lame. corny, lame
3 Cut it out

CHAPTER 12

A

01 concerned about

02 under the weather

03 pretended to

04 called in

05 developed into

06 recovered from

07 severe pain

08 ran into

09 black and blue

10 keep away from

B

01 Overeating is bad for our health.

02 The doctor prescribed some medicine for me.

03 The disease is said to beyond medical treatment.

04 I had trouble breathing because my nose was congested.

05 It took me a long time to get over my cold.

06 I have a swollen mosquito bite on my leg.

07 I had a fishbone stuck in my neck.

08 I made a decision to work out for an hour every day.

09 I applied for admission to the hospital.

C

01 I am as fit as a fiddle.

02 He is a heavy smoker.

03 I wish he could stop smoking.

04 It is not healthy to skip breakfast.

05 We have to eat three balanced meals a day.

06 Exercise does good for people.

07 I took medicine to reduce my fever.

08 I had to undergo an operation.

09 I itched all over.

10 I had slight burns on my hand.

11 Rest is essential to maintain our health.

12 My leg is in a cast.

13 My eyesight is getting worse.

14 My teeth have turned yellow.

15 I made an appointment to see the doctor.

03 I was very nervous, but I did well.

04 I gave the wrong answer.

05 I annoyed my teacher with hard questions.

06 I spent all day studying without playing.

07 I looked over the notebooks before the test.

08 I am a student on scholarship.

09 I will make good vacation plans.

10 I kept an eye on my grades.

11 I have to submit the paper within two weeks.

12 I will take a language course for about one year.

13 I really hate to be compared with others.

14 I earn my tuition by working part-time.

15 I shared an apartment with my roommate.

CHAPTER 13

A

01 is against

02 drops me off

03 rushed into

04 am poor at

05 took part in

06 look into

07 catch up with

08 getting into

09 by heart

10 looked up

B

01 My school is a two-minute walk from my house.

02 I couldn't understand what the teacher explained.

03 I played a trick on my friends during class.

04 I didn't pay attention to the teacher.

05 My art teacher punished me for talking in class.

06 I stayed up late at night studying.

07 The question was too difficult for me to solve.

08 Studying with my tutor isn't helpful to me.

09 I am thinking of dropping out of school.

C

01 I take the school bus to school.

02 There were no students absent.

CHAPTER 14

A

01 a deer

02 threw out

03 made up

04 belong to

05 was held on

06 set up

07 Even though

08 can't wait for

09 got a prize

10 set off

B

01 There's a festival at my school in October each year.

02 Sports day is a part of the annual school program.

03 We performed a play on stage at the school festival.

04 I am so excited that I can't fall asleep.

05 I stayed up late talking with my friends.

06 I was able to get what I wanted at a cheap price.

07 We competed with other classes in a few sports events.

08 We went on a sightseeing tour by boat.

09 I was proud of winning an honor prize.

C

01 There were many close games.

02 I was first in a running race.

03 I enjoyed myself at the school festival.

04 I took pictures with my friends on the trip.

05 I bought some souvenirs for my family.

06 I am a member of a reading club.

07 My brother helped me pack.

08 I will graduate from school this year.

09 Because of the rain, the game was postponed.

10 I was very popular in the talent show contest.

11 I packed my lunch and drink in my backpack.

12 I have been there several times.

13 I asked my friends to join my club.

14 It was fortunate that the weather was fine.

15 My family and relatives celebrated my graduation.

> **어어 사자! TipS**
>
> 1 club
> 2 flutter, flutters
> 3 look for, find, looked for, find

CHAPTER 15

A

01 his true colors

02 keep company with

03 got acquainted with

04 relationship with

05 stay out of

06 made a fool

07 argued with

08 cold shoulder

09 mean to offend

10 made up with

B

01 Having a friend from abroad is very exciting.

02 He has many acquaintances of the opposite sex.

03 He insulted me by calling me a fool.

04 I used to quarrel with my friends on and off.

05 The picture reminds me of my old friends.

06 I asked him to give my regards to some friends.

07 I didn't hear anything from him for long.

08 We talked about how we had been doing.

09 He takes advantage of other's weaknesses.

C

01 We always stick together.

02 I owed him a big one.

03 He is an outcast in my class.

04 He bothers me all the time.

05 I often disagree with him.

06 I was very angry to hear his words.

07 It was too unpleasant to endure.

08 I pretended not to see him.

09 I haven't seen him for ages.

10 He was one of my high school alumni.

11 He looked just the same.

12 He looked familiar to me.

13 I met him on the way to the library.

14 It's been a few years since we last met.

15 I was very glad to see old friends after a long time.

> **어어 사자! TipS**
>
> 1 friends, friends, hands, seats, trains
> 2 Never mind, don't care
> 3 used to, be/get used to, used to, am/get used to

CHAPTER 16

A

01 looked distinguished

02 related to

03 eye of

04 all my heart

05 feel at home

06 hand in hand

07 got rejected

08 broke up with

09 am engaged to

10 settle down

B

01 It is said that first loves are likely to fail.

02 It's so funny that I fell in love with him.

03 I am willing to do everything for him.

04 I wonder why he left without saying goodbye.

05 I am too young to be in love.

06 My parents won't allow me to marry him.

07 The important thing is not what he has but what he is.

08 He runs after every lady he is introduced to.

09 His only drawback is that he is skinny.

C

01 Every Jack has his Jill.

02 I have someone special in mind.

03 She is the girl of my dreams.

04 He did whatever I wanted.

05 We are not speaking the same language.

06 I needed some time to think.

07 I have unrequited love.

08 She refused me. (=She turned me down.)

09 He stood me up.

10 He kept me waiting for a long time.

11 I declined his proposal.

12 I want to make him feel happy.

13 I wish to stay with him forever.

14 Her behavior was unlike her.

15 I don't think I can live without her.

여어 상식 Tips

1 find, set, up with

2 keep in touch with, lost touch with

3 two-times, two-times

CHAPTER 17

A

01 according to

02 am interested

03 fond of

04 beyond expression

05 was worth

06 taste for

07 no ear for

08 out of

09 in person

10 on the air

B

01 I was in no mood to read a book.

02 Having a hobby is not only for killing time.

03 I found it fun to take pictures.

04 I don't have any hobbies worth mentioning.

05 I used to sit for hours listening to classical music.

06 He cut me off in the middle of the song.

07 He never lets go of the microphone once he takes it.

08 I posed as if I was running.

09 I deleted the pictures that I didn't like.

C

01 I have a special talent for singing.

02 The book has been translated into Korean.

03 My favorite writer is Earnest Hemingway.

04 I take music lessons.

05 I download songs on the Internet.

06 I refreshed myself with a song. (=I diverted myself in singing.)

07 We danced together to the melody of blues.

08 I hung a Renoir in my room.

09 I loaded my camera.

10 My pet is a pure-breed.

11 I took my dog for a walk.

12 His new songs are in vogue.

13 She is suffering from a groundless rumor.

14 I made a dress using a sewing machine.

15 I used pins to fix the clothing.

1 classical
2 background
3 wish, wish, had

11 It was a winning game.

12 We lost the game 2 to 3.

13 I was out with an injury.

14 I like watching soccer more than playing.

15 I feel energized after working out.

1 play, play, play, do, do, do, do, do
2 dodge, dodge, kick
3 go

CHAPTER 18

A

01 signed up for

02 build up

03 called off

04 got the shot

05 was caught

06 my turn

07 went on

08 a score of

09 was voted

10 in a tie

B

01 Doing indoor activities suits my constitution.

02 It can be helpful just to stretch out.

03 A lack of exercise is likely to lead to poor health.

04 Warming up before a workout helps prevent injuries.

05 I'm going to put myself through a workout.

06 I practiced kicking balls for two hours a day.

07 I saw him score two nice goals.

08 He slid into home plate, but he was tagged.

09 I was not used to hitting backhands.

C

01 I work out every day by jogging.

02 My strong point is running.

03 Exercise helps me relax.

04 I distracted myself with exercise.

05 Yoga requires a lot of concentration.

06 I cheered my team on.

07 I am a great fan of the LG Twins.

08 He stole second base.

09 I missed returning the ball.

10 I felt bad for losing the game.

CHAPTER 19

A

01 shopping addict

02 in stock

03 sold out

04 for free

05 charge for

06 a good bargain

07 in installments

08 place an order

09 get a refund

10 hot cakes

B

01 The coupon was valid just for the day.

02 There were so many items that I wanted to buy.

03 I didn't forget to get my parking validation.

04 It was not as good as I had expected.

05 The cart was full of the things that I had put into it.

06 It is too expensive, so I will wait for it to go on sale.

07 They gave me a refund after checking the receipt.

08 We can save 10% off of our bill by shopping with coupons.

09 We need to be careful about Internet scams.

C

01 I just looked around. (=I just browsed.)

02 I shopped online.

03 Nothing appealed to me.

04 I couldn't decide which one to buy.

05 The clothes were made in China.

06 My size was difficult to find.

07 I checked out the expiration date.

08 The prices were not marked.

09 The mart has a delivery service.

10 The price was ridiculous. (= It was overpriced.)

11 It was a good buy.

12 I paid by cash.

13 I was overcharged.

14 I wanted to exchange it for a different one.

15 I shopped around for better prices.

 어어 상식 TipS

1 **department store, discount store, outlet, mall, flea market**

2 **on sale, for sale, on sale, for sale**

3 **expensive, cheap, high, low, high**

CHAPTER 20

A

01 for nothing

02 in advance

03 accompanied by

04 on the road

05 was eager to

06 my heart's content

07 cut in

08 broke down

09 saw me off

10 went through

B

01 Experiencing different cultures makes me understand people better.

02 I arrived so early that I had to wait for an hour.

03 I went to see a recently released film.

04 It was the most interesting play I'd ever seen.

05 The amusement park had various amusement rides and many events.

06 The higher it went up, the more scared I was.

07 It was funny to watch monkeys act like humans.

08 I pedaled my way enjoying the picturesque surrounding.

09 There was an announcement that the boarding time had been changed.

C

01 The gallery is worth visiting.

02 I thought the paintings were copies.

03 The play became a tremendous hit.

04 The play was too hard to understand.

05 I stood in line to get a ticket.

06 I went to a movie preview.

07 The scene is still vivid in my mind.

08 I ran away screaming.

09 There were balloons floating high up in the sky.

10 We were asked not to pick the flowers.

11 I got my finger pricked by a thorn.

12 My favorite part was the herb garden.

13 I set a date for a trip.

14 I buckled up. (= I fastened my seat belt.)

15 The scene was as beautiful as a picture.

어어 상식 TipS

1 **autograph, signature, sign**

2 **terrible, terrific, awful, awesome**

3 **fear, horror, thrill, suspense**

CHAPTER 21

A

01 cut out for

02 very tight

03 applied for

04 in charge of

05 called it

06 swamped with

07 get a raise

08 laid off

09 took over

10 suffering from

B

01 I think it is good fortune to have a regular job.

02 I was promoted to the chief of my department.

03 I was busy until I got used to my job.

04 I am going to be transferred to Seoul next week.

05 I had to borrow some money from the bank.

06 It is not desirable to change jobs frequently.

07 There were several companies I wanted to work for.

08 I was able to find an office in a business center.

09 The company provides the employees with free room and board.

C

01 It is not easy to get a good job.

02 The job fits my personality.

03 The company required some work experience.

04 I had an appointment for an interview.

05 I passed the job interview.

06 I work overtime once or twice a week.

07 I am off today. (= I took off today.)

08 I use commuter buses.

09 I called in sick.

10 I don't get along well with my boss.

11 I left the company for another job.

12 I am unemployed now.

13 I want to run a small store.

14 The business keeps flourishing.

15 I can't get along on my pay.

단어 살짝 Tips

1 connections

2 on duty, off duty

3 salary, wage, allowance, incentive, bonus

4 work for